ビジネスマン、ドナルド・トランプを読み解く

世界を揺るがすトランプイズム

池上彰
Akira Ikegami

集英社

世界を揺るがすトランプイズム

目次

はじめに

二〇一六年一一月、次期アメリカ大統領を決める選挙は、世界が驚く結果となりました。共和党の大統領候補ドナルド・トランプが大方の予想をくつがえし、民主党の大統領候補ヒラリー・クリントンを抑えて当選したのです。「トランプ・ショック」という言葉も生まれるほどの大番狂わせの結果、一時的ではありましたが株価は下落し、ドル安になりました。この先のアメリカ政治がいかに不透明なものになったかが、市場によっても示されました。

私は二〇一六年の二月からたびたびアメリカに渡り、今回の大統領選挙を追いかけてきました。選挙こそがアメリカの本当の姿を照らし出す鏡であり、結果は世界に大きな影響を与えるからです。この国独特の大統領選挙制度から滲み出る国民の動向や、日本ではなかなか報道されない変化をじかに見たいと思っていました。

予備選挙が始まった当初は、トランプが共和党の候補になることすらあり得ないという雰囲気でした。差別的な発言の倉庫と言ってもいいようなトランプは、「暴言王」とまで呼ばれ始めます。それを面白がるかのように、テレビや新聞などのメディアがとりあげました。ところが、トランプの支持率が徐々に上がっていきます。「まさか」とは思いつつも、現場でその様子を見ていると、「なるほど、トランプはアメリカ国民の支持をこうやって増やしているのか」と、少しずつ変化していく状況やその理由が見えてきました。トランプのビジネスマンならではの手法と、それを支持者たちが歓迎するようになった現代アメリカの社会背景がわかると、トランプが大統領になったことも頷けるのです。

二〇一七年一月二〇日（日本時間二一日）、首都ワシントンＤＣで大統領就任式が行われ、ドナルド・トランプは第四五代アメリカ大統領に就任しました。

かつて、これほど格調に乏しい就任演説があったでしょうか。自由や民主主義について語られることはなく、繰り返されたのは「Make America Great Again（アメリカを再び偉大にする）」という大統領選挙戦中の決まり文句でした。選挙で戦った対立候補やその支持者に嫌な思いをさせないためにも、就任演説では選挙戦中のキャッチフレーズは使わない。これがこれまでの暗黙の配慮でしたが、トランプにはこういったデリカシーはなかったようです。「アメリカ・ファースト＝アメリカ第一主義」ばかりを強調する内容には、列席したオバマ前大統領をはじめ、歴代大統領も当惑の表情でした。

イギリスのＥＵからの離脱決定をきっかけに、ヨーロッパではナショナリズムを掲げ、自国の内政だけを重視する政党が勢力を伸ばし始めています。反グローバリズムの波は確実に世界に広がっています。「アメリカ・ファースト」を謳うトランプ新大統領の出現は、この波を大きく加速させる可能性があります。

大統領に就任するや否や、トランプはイスラム圏七か国の出身者のアメリカ入国を一時禁止にする大統領令を出しました。このため、アメリカの永住権やビザを持っていても入国できない人が相次ぎ、混乱が広がりました。これに対し、ワシントン州の連邦地方裁判所は、大統領令は憲法違反だとして差し止めを命じるなど、混乱はとどまるところを知りません。

トランプ新大統領の本質とは何か、彼によってアメリカはどう変わっていくのか、さらには新しいアメリカが世界や日本にどのような影響を及ぼすのか。この本で探っていきます。

二〇一七年二月　ジャーナリスト・名城大学教授　池上彰

第 1 章

2016年の大統領選挙

実はヒラリー・クリントンが大統領に選ばれた!?

実は今回のアメリカ大統領選挙で、アメリカ国民は、ヒラリー・クリントンを選んだのです。

どういうことかというと、全米での総得票数は、クリントンが約六四二〇万票、一方のトランプは約六二二〇万票でクリントンのほうが約二〇〇万票も多く獲得したからです。民意はクリントンを支持したにもかかわらず、ドナルド・トランプが大統領になったのです。これは、アメリカ大統領選挙のユニークな制度が生み出した「ねじれ」でした。

アメリカでは州ごとに「大統領選挙人」を選ぶと決められているからです。大統領を決める選挙に投票する「大統領選挙人」を決める選挙が、一一月八日に行われました。私たちが大統領選挙と呼んでいる一般有権者による選挙です。この選挙では、州ごとに一票でも多く票をとった候補者が、その州に割り当てられていた「大統領選挙人」の数を総取りする方法をとっています（ネブラスカ州とメイン州を除く）。

つまり得票数でもなく、勝利した州の数でもなく、獲得した選挙人の数で勝敗が決まるということです。今回の選挙で獲得した「大統領選挙人」の数は、トランプが三〇六人、クリントンは二三二人。これでトランプが大統領に選ばれたのです。

以前にもこういった結果になったことがありました。二〇〇〇年に行われた、共和党のジョージ・W・ブッシュ候補と、民主党のアル・ゴア候補による大統領選挙です。ゴアのほうが総得票数では上回っていたのですが、ブッシュが選挙人をゴアより多く獲得し、ブッシュ大統領が生まれました。このとき、接戦だったフロリダ州では、票の数え直しをする事態にまでなっています。法廷闘争に発展しましたが、結果が覆ることはありませんでした。

これがアメリカの民主主義の形

なぜ得票数が多い候補者が当選しないことが起こるのか。それを理解するためには、アメリカが五〇の国（ステート）からなる連邦制をとっているということを知る必要があります。つまり、五〇の国（ステート）＝州それぞれにおいての選挙で「わが国＝州はこの候補者を大統領に選ぶ」と決め、代表となる選挙人を派遣して本選挙に投票するということなのです。

選挙では国民が候補者に投票するので直接選挙のように見えますが、実はその結果を選挙人が代表して担うという、間接選挙なのです。選挙人の数は人口比で州ごとに決められています。選ばれた選挙人が一二月の本選挙で投票して、正式に大統領が決定するのです。ですから、選挙人の数が多い州で勝利すれば、それだけ大統領に近づくというわけです。

ある州でいくら得票数で大差をつけて勝ったとしても、その州の選挙人が三人であれば、獲得する選挙人は三人です。一方で、たとえ僅差の勝利でも、その州の選挙人が五五人であれば、獲得する人数が多いので、相手候補を大きくリードすることになります。

日本では、国会における議員の数が最も多い党のトップが首相になりますが、それとは大きく異なっています。

不思議な選挙制度だと思うかもしれませんが、これはこれでアメリカの民主主義の形ということなのです。

今回の選挙の結果、ドナルド・トランプが大統領に選ばれました。トランプもクリントンも、また他にも大勢候補はいましたけれど、全ての候補者たちが、アメリカの選挙制度とはこういう形式なのだという前提条件を了解した上で選挙を戦っているわけですから、結果については文句を言うことはありません。そういう選挙制度を互いに認めていることを確かめるところもあるので、片方が敗北宣言をして、この選挙結果をきちんと受け入れましたと表明した時点で、もう一方の候補者が勝利宣言をするという慣例があります。

しかし今回の選挙戦の後半、トランプは不正な選挙が仕組まれているといった発言を繰り返し、選挙結果を受け入れるかどうか、そのときになったら決めると、明言を避けていました。これもまた前代未聞の振る舞いでした。ですが結局、自身が勝利したことで、選挙制度についての発言はうやむやになりました。

ただ今回は、選挙の後、あちこちで「ドナルド・トランプは、私の大統領ではない」という抗議の集会やデモ行進が起こりました。これはやはり「われわれは、ヒラリーを選んだ」という思いがある人が多いのでしょう。その思いを多くの人が様々な形で表明することもまた民主主義の一つの方法なのです。

また、今の選挙人による選挙制度を変えるべきだという声も上がりますが、現状の選挙制度で勝利した候補者が大統領になるわけですから、その大統領が自分に勝利をもたらした選挙制度を変更することに積極的かどうかと言えば、なかなかそうはならないでしょう。事実、トランプは選挙中、「大統領選挙人を選ぶ選挙はおかしい」と主張していたのですが、自分が当選したとたん、「選挙人制度は素晴らしい」と言い出しました。選挙制度が簡単に変わらない理由はそういうところにあるのです。

予備選挙から予想外の展開

アメリカの政治は二大政党制をとっている。これはよく耳にする言い方だと思います。前大統領のバラク・オバマや、今回の選挙で敗れたヒラリー・クリントンが所属する民主党と、新大統領となったドナルド・トランプが所属する共和党が、その二大政党です。アメリカには他にも政党はありますが、この二つの政党から大統領が選ばれています。

この二大政党の大統領候補を選ぶための党員集会や予備選挙が二〇一六年の二月から始まり、七月に党大会を開いて党の候補者が決まります。そして先程も書いたように、一一月に有権者による大統領候補人を選ぶ選挙、一二月にその候補人たちによる本選挙が行われ、大統領が決まるという、たいへんな長丁場です。私は二〇一二年も二〇一六年も、その取材を続けてきました。今回は候補者選びのときから、共和党と民主党、どちらも予想外の展開になりました。

民主党の場合は、ヒラリー・クリントンが民主党の大統領候補になるのが決まりだと思い込んでいる人が多かったと思います。ところが二月の序盤の選挙戦から、バーニー・サンダースがたいへんな人気を得て、どんどん支持を広げていきます。クリントンで決まりと思われていた状況が、「あれっ?」という感じになりました。予備選挙や党員集会に、これまで民主党の集会に参加したことがないような若者がどっと集まってきたのです。彼らはサンダースを大統領に、という声を上げ始めました。これはいったいなんなのだろうかと思いました。サンダースは民主社会主義者を名乗っていますが、この「社会主義」という言葉に、アメリカは長い間、拒否反応を示してきたからです。

共和党の場合は、最初、大統領候補に名乗りを挙げた人は一七人もいました。その中から誰が候補に選ばれるかといったときに、私も含めて多くの人が、少なくとも「ドナルド・トランプは生き残れない」と思っていたのです。

他の候補者たちもそう思っていたのでしょう。一六人の候補者たちは、トランプの存在など無視したまま、それぞれでつぶし合いをして、候補者指名を得ようとしました。

そのつぶし合いの結果、数人に絞り込まれましたが、気がついてみれば誰も相手にしなかったトランプは健在なままでした。そこで、トランプの攻撃が始まったのでした。

テレビというメディアをよく知っているトランプは、候補者同士のテレビでの討論会で、他の候補者たちの印象を悪くする術に長けていました。例えば、マルコ・ルビオは、ヒスパニック系で初めての共和党大統領候補になるのではないかと期待が寄せられていました。ですがトランプは、ルビオの背の低さを嘲笑すると、「掟破り」の攻撃(口撃)を行い、ルビオを圧倒します。こうして候補者が脱落していく中で、トランプは依然として残ったままだったのです。

共和党の最終候補は、トランプとテッド・クルーズでした。

私は二月にアイオワ州で開かれた共和党の党員集会を取材に行き、テッド・クルーズの集会を傍聴しました。その発言の内容は、驚くべきものでした。テッド・クルーズは、エヴァンジェリカル（キリスト教原理主義の福音派）から支持を得ている候補です。彼の話は、「私が大統領になったら教育省という役所は直ちに廃止する。国がどんなことを教育するかなどを決めるのはおかしい。親が決めればいいんだ」ということから始まりました。そして、イランの核開発の制限と経済制裁の解除を取り決めた核合意についても直ちに破棄するなどと、次から次へとびっくりするような話が出てきます。聴いていて怖くなりました。

テッド・クルーズが大統領になるくらいなら、トランプのほうがまだマシだと、そんな気になってきました。事実、トランプを大統領候補にしないようにといって、共和党の主流派が、二位につけている候補者に票を集めようとしましたが、その第二位の候補がテッド・クルーズだったものですから、票は集まりませんでした。

トランプ支持の理由

では、なぜトランプが支持を得たのでしょうか。

トランプの政治集会の第一印象は、白人の男性ばかりの集会だということです。東洋人の私がいると、目立って仕方がないほどでした。トランプを支持する人たちは、白人男性が圧倒的に多かったということです。

トランプの演説は単純明快です。「メキシコとの間に壁をつくるぞー！」、トランプがそう言うと、参加者たちが「オー！」と応じる。続けてトランプが「金を出すのは？」と尋ねると、参加者たちは「メキシコ！」と答える。あるいは「不法移民を追い出すぞ！」とトランプが言うと、参加者は「オー！」と応じる。こういったやり取りの繰り返しが多く、ほとんど演説になっていなかったのです。

通常の政治集会というのは、候補者たちが、これからアメリカをどうやって立て直していくかといった主張をします。現状を説明し、自分ならばどのように対処できるかを訴えるのです。ところがトランプはそういうことは言いません。とにかく、不法移民を追い返すぞ、メキシコとの間に壁をつくるぞ、中国からの安い商品が入ってこないようにするぞという目標を言うだけで、それをどのように実現していくかということは一切言いません。単にスローガンを繰り返すだけで、集会は三〇分くらいで終わってしまうのです。長く演説するような内容を持っていないのですね。ところがそこに集まった人たちは熱狂するのです。

ここに集まる人たちは、現状に閉塞感を持っています。仕事がない。グローバル化が進む中でアメリカ国内から産業が消えていってしまう。一方で不法移民が大勢やってきて低賃金で働く。店に行けば、安い中国製品があふれている。こんなことでいいのか。古きよきアメリカを取り戻したいと思う人たちがいるのも当然でしょう。そこに「アメリカを再び偉大な国にするんだ」と言うトランプが登場した。彼は、何度も会社をつぶしてはいるものの、そのつど立ち上がり、今でもビジネスを続けている。彼なら自分たちの思いを受けとめてくれるだろうと。そういう人がたくさんいるのが今のアメリカなのです。これがトランプ支持が広がった一番の理由でした。

アメリカ社会というコインの表裏

民主党でも似たようなことが起こっていました。ヒラリー・クリントンの政治集会で彼女の選挙演説を聴くと、確かに演説が上手です。アメリカが今どうなっているのか、では、これからどうするのかと、理路整然と説明してくれます。それはそれで納得できるのですけれど、どこか心に響くものがないように感じます。優等生が模範解答を示しているようで、何かピンとこないのです。

一方で対立候補のバーニー・サンダースの演説を聴くと、やはりトランプと同じように現状への怒りが沸々と感じられます。サンダースは、声もかすれていて、演説も決して上手ではありません。でも現状に対する懐疑や怒りをぶつける。そしてそれを聴いている人たちと一緒に、「さあ、この国を立て直そうではないか」と呼びかけます。それが心を打つのです。

実はこれはアメリカの今の社会というコインの表裏という気がしています。

グローバル化が進み、アメリカの中でも所得の格差が広がっています。家庭が貧しいと満足な教育も受けられない。たとえ貧しい家庭だとしても大学教育が受けられるように公立大学の授業料を無償化しようという民主党のサンダースと、そもそも今のアメリカの制度が悪いんだと言い、その制度を引っくり返して再びアメリカを偉大な国にしようという共和党のトランプ。現状に対する処方箋を左右まったく違う立場から突き上げた。どちらも国民の不満や不平に焦点を当てて、起爆剤にしようとしたのです。

大統領選挙というものは、そういうものなのではないかと思いました。つまり今のアメリカに対して不満を持ち、自分たちの生活が脅かされていることを心配し、閉塞感を持っている人たちの琴線に触れる演説をしたのが、ドナルド・トランプであり、バーニー・サンダースであり、それがそれぞれ国民の支持を得たのです。しかし、バーニー・サンダースの支持者は若者中心の層にとどまり、民主党の大統領候補になることはありませんでした。

現状を改善するためにはどうすればいいのか、どのように政治改革をしていくかなど、そういった方針や政策について、実はトランプは一切示していません。とにかく目標だけを掲げて、アメリカを再び偉大な国にすると言うだけで人気を集めた。これがトランプの勝因だったのではないかと考えています。

トランプ勝因のからくり

目標だけを示すことがどうしてトランプの勝因と考えられるのか。トランプとサンダースの支持が生まれる背景を、たとえてアメリカの社会というコインの表裏と言いました。

サンダースは、金融で莫大なお金を動かし、利益を上げているウォール・ストリートを批判しました。そして、ウォール・ストリートの投資銀行に講演に行って、その一回の謝礼に何千万円ももらっているクリントンはウォール・ストリートの仲間だと批判していました。彼が政策として主張していた公立大学の授業料の無償化の財源も、ウォール・ストリートへの課税強化などで費用を捻出すると言っていました。そういった言動が若者たちを中心に支持されていたわけです。では、既成の体制をやり玉に挙げていたトランプは、例えばウォール・ストリートのあり方を問題視していたでしょうか。

トランプは、アメリカの体制全体に対する批判をしていました。ところが、個別具体的に、ウォール・ストリートに対する批判をあからさまにしたことはないのです。

激しい言葉の中に、ウォール・ストリートの金持ち連中を叩いてくれるのではないかと、勝手に期待していた有権者もいたでしょうが、そのようなことは一言も言っていないのです。それどころか、実際に次期大統領に決まり、組閣の準備に入ると、ウォール・ストリートからの人材を何人も登用しています。財務長官のスティーブン・ムニューチン、国家経済会議（NEC）委員長のゲーリー・コーンは大手証券会社のゴールドマン・サックスの元幹部です。商務長官に任命されたのも投資家のウィルバー・ロスですから、彼らが今後どんな具体的な経済政策を実行していくのかと言えば、ウォール・ストリートの利益に結びつきそうな流れになるのは明らかでしょう。

更に、減税をし、オバマ時代に厳しくされた金融取引の規制を緩和しようとしているわけですから、ウォール・ストリートが大喜びしそうな政策をとるということです。これは公約に反しているのではありません。ウォール・ストリートに厳しい規制を敷いて取り締まるなどとは、トランプは一言も言っていないわけですから。みんなが勝手に誤解して、自分の都合のいいように解釈していただけということなのです。

これはとてもうまいやり方ですね。なんとなくウォール・ストリートを取り締まってくれるのではないかと期待させる言動を振りまき、有権者を喜ばせる。でも彼はそんなことは言っていませんので、ウォール・ストリートがより自由に仕事ができるようなことをしても公約違反ではないのです。

既成の体制、今のやり方には反対だ、それらを引っくり返すと、トランプは確かに言っていました。彼のそういう振る舞いが、国民に様々な誤解をさせているのです。

トランプが開けたパンドラの箱

今回の選挙戦を通してのトランプの振る舞いで大きな影響が出ていることがあります。差別意識の拡大です。

ポリティカル・コレクトネスという言葉があります。政治的に正しいという意味で、アメリカの場合、要は差別的な言葉を使わないで、公平な表現をしようということです。これは社会的に大きな流れになっています。差別的な発言を避けるために、様々な言葉の言い換えもされるようになりました。例えば黒人とは言わず、アフリカ系アメリカ人と言おうなど、テレビなどでも差別的な発言を排除してきました。誰でも、また男女も当然平等であるという考え方をきちんと定着させようという動きです。ですが、それが当たり前だと思う一方で、いろいろな人種の人が増えてくることで、白人の国だったはずのアメリカが、この先どうなってしまうのかと思っている人たちもいます。そういう人たちの中には、例えば仲間内で酒を飲みながら、差別的な言葉を使ったりして、鬱憤をはらしていました。けれど表向きは、そういうことは言うべきではないと考えていた。そこに、そういうことを堂々と言う人が現れた。それがドナルド・トランプという大統領候補だったのです。

多くの人が驚いたでしょう。大統領候補がそんな言動を繰り返したわけですから。けれど、白人至上主義的な考えやアメリカが一番であるといった思いを抱いている人たちにとっては、われわれの本音をすくいとってくれていると感じ、それが大きな支持につながったのです。

しかしこれによって、トランプは、パンドラの箱を開けてしまうことになったのです。差別をなくそうといって、一九五〇年代半ばから七〇年代の公民権運動に始まり、差別のない社会を継続的に築こうと模索してきたアメリカ社会の流れを逆戻りさせてしまうようなことになったからです。

アメリカの学校では、大統領は理想の人物であり、尊敬されるべき人物として教えられてきました。アメリカ国民の指導者であり、軍隊の指揮官でもあり、すばらしい人間性を持った存在が大統領なんだと教えられてきたのに、その大統領になろうかという人間があのような差別的なことを言っている。これは大きな問題です。

今、アメリカの各地で子供たちによる差別発言や、マイノリティに対する差別やいじめが頻発しています。学校の先生たちも頭を抱え、困っています。そんなことを言ってはいけないと子供に言っても、大統領になる人が言っていると返されてしまうからです。

トランプが次期大統領に決まってからは、全米各地で、黒人に対する暴行事件や、イスラム教徒の女性が、頭髪を覆うヒジャブと呼ばれるベールを奪われる事件など、ヘイト・クライムと呼ばれる、社会的弱者やマイノリティ、少数民族に対するいやがらせが激増しました。

トランプは、次第にアメリカ国内でマイノリティになっていく白人たちの代弁者として支持を集めたのですが、結果的にアメリカを二つに分断して、一方の立場に依拠し、そちら側からもう片方を激しく批判することで、大統領選挙に勝ったのです。しかし彼が勝った結果、アメリカは完全に分断されてしまいました。まったく相容れることがなくなってしまった。この二つのアメリカを、彼はこれから統治していかなければいけないのです。

大統領になるためには手段を選ばなかったトランプですが、大統領になってしまったからには、この後、たいへんな状況が待っているでしょう。

アメリカのメディアの現状とその影響

このようなトランプという存在を生み出す素地をつくることにメディアも一役買っています。いろいろな報道でも取り上げられていますが、トランプは既存のメディア、マスコミをたいへん嫌っています。トランプの集会では、メディアへの非難の言葉が飛び交っていました。

では、そのアメリカのメディア状況とはどのようなものになっているのでしょう。

現在のアメリカのメディア状況において、「オルタナ右翼」が、今回のトランプの当選に大きな影響を与えたと言われています。オルタナティブ、つまり従来の考え方とは別の異議申し立て方をする右翼的な考えを持った人たちの動きが今、ネットで広がっています。日本ではネット右翼、ネトウヨとも言われています。この動きに拍車をかけたのは、ＳＮＳです。アメリカの多くの人たちがFacebookでニュースを見ています。ＳＮＳで登録すると、自分が好むようなニュースばかりが配信されるようになります。自分が知りたいこと、あるいは、自分の考え、好みに近いニュースばかりが集まってくる。それによってどんどん自分の考え方は正しく、誰もがそう思っているというふうに考えるようになり、より極端なほうへと走ってしまう傾向が生まれています。これはアメリカに限らず、日本でも同じですし、世界中に広がってきている傾向です。

今回の大統領選挙では、アメリカの従来の新聞社のほとんどがトランプに反対するという社説を掲げました。しかし多くの人はそれらを読んでいません。なぜなら、例えば「ワシントン・ポスト」も「ニューヨーク・タイムズ」も発行部数はごくわずかだからです。広大なアメリカ全土に一定の影響力を与えているような新聞はそもそも存在しないのです。

日本でアメリカのニュースを知ろうとすると、ニュース専門チャンネルのCNNが紹介されますが、これだけでは本当にわからないことが多いと、今回の大統領選挙の取材で思いました。アメリカの地上波テレビでABCやCBSやNBCという放送を見ていると、アメリカ大統領選挙の報道はほとんどありません。それぞれのテレビ局は、朝晩のニュース番組で少しだけ大統領選挙について取り上げますが、ほぼ、それだけしか報道されません。全米の大半の人たちは、CNNを朝から晩まで見ているわけではないのです。多くの人が、ABCやCBSやNBCやFOXといったテレビ局の番組を見ているのです。

ニュース専門チャンネルでは、FOXニュースが一番視聴されています。ネットワークのFOXとニュース専門チャンネルのFOXニュースは別の放送局です。FOXもニュースは放送しますが、ニュースを知りたい人はFOXニュースを見ます。

ニュースの専門チャンネルは、FOXニュースとCNNとMSNBCがあります。MSNBCは、はっきりと民主党寄りの報道をしています。FOXニュースは徹底的に共和党寄りの報道です。CNNは中立な報道を心がけていますが、常に共和党の立場から報道するFOXニュースがあるために、CNNが民主党寄りに偏った報道をしているかのような印象ができあがってきてしまっています。

また、アメリカの地方でフリーウェイを走っていると、巨大な看板にしばしば出合います。そこには「Don't Believe the Liberal Media」と書いてあります。リベラルなメディアを信じるなというスローガンがあちらこちらに書いてある。つまり、「ニューヨーク・タイムズ」やCNNを見るな、真実の報道をしてくれるのはFOXニュースだけという意味であり、そういう運動をしている人たちがいるのです。

FOXニュースは、イラク戦争の際、客観報道ではなく、徹底した愛国報道をしました。そこでアメリカのネットニュースの視聴率のトップに立ち、その後も一位をとり続けています。

FOXニュースは、コメンテーターからキャスターまで全てが共和党支持者で、夜の番組では、自分はジャーナリストではないと宣言している司会者がニュースを伝えるほどです。その司会者は、共和党寄りの意見を述べるばかりです。それにもかかわらず、いや、だからこそでしょうか、視聴率もよいのです。アメリカでは、共和党中心の報道をしているニュース番組を多くの人が見ているのです。

アメリカの国民の中でも右翼的なネットの情報に接し、ニュースはFOXニュースから得ているという人がかなり増えているのです。そういうメディアの状況も、トランプ大統領を誕生させる一因になっていたと考えています。

サンダースが大統領候補だったとしたら

アメリカで多くの人が、デモや集会をして、トランプへの抗議の声を上げています。では、彼らはどのような結果を望んでいたのでしょうか。

ヒラリー・クリントンが勝利することを願っていた人たちも多いでしょう。しかしバーニー・サンダースがもし民主党の候補になっていたらと考えている人たちもいるようです。

サンダースは、民主社会主義者を名乗っています。ひと昔前のアメリカで社会主義者などと名乗ったら、とんでもない泡沫《ほうまつ》候補扱いでした。泡沫候補どころか、きっと怪しい人と見なされていたのではないでしょうか。冷戦時代のアメリカでは「社会主義」という言葉は、それほどタブー視されていました。

ところが今、サンダースが民主社会主義者と言っても、若い人たちは、そもそも東西冷戦を知りません。四半世紀前に終結したわけですから、それは当然かもしれません。アメリカで社会主義は怖いものだと教わっていたという記憶すらないわけです。そうすると、サンダースの主張を聞いて、いいことを言っているからいいではないかという感覚で彼を支持したのです。

サンダースの支持者たちは必死になって応援をしていました。怒りの矛先が明快だから熱心になれるのです。ところがクリントンの支持者たちは、「どうせヒラリーに候補は決まるだろう」といった感覚で選挙運動の詰めが甘かったのでしょう。ですからサンダースだったら、もしかすると大統領選挙では当選していたのかもしれません。

ただ、たとえサンダースが大統領に当選したとしても、アメリカの現状に対する処方箋が、トランプとサンダースではまったく違います。サンダースが当選しても、アメリカの分断は進んだのではないかと思います。サンダースがもし大統領になったとしても、二つに分かれてしまったアメリカを統治するという難しい立場になるということでは同じだったのかもしれません。

もし順番が逆だったら

しかし、それにしてもクリントンはなぜあんなに人気がなかったのでしょうか。

クリントンの人気のなさの理由はいろいろ挙げられています。国務長官時代に機密メールを個人のメールアドレスを使ってやり取りした疑いがＦＢＩ（連邦捜査局）によって捜査され、私用メール問題が後々まで尾を引き、嘘つき呼ばわりされました。また、夫のビル・クリントンが運営している財団に献金した企業に対して便宜を図ったのではないかという献金疑惑も持ち上がります。取材をしていても、あまりプラスの要素を聞きませんでした。

そしてもう一つには、アメリカでは長く政権の近くにいると国民に嫌われる、ということがあります。ヒラリー・クリントンは夫のビル・クリントンが大統領の時期にファーストレディーとして、八年間ホワイトハウスに住んでいました。更に二〇〇九年から二〇一三年まではオバマ政権の国務長官も務めました。大統領の任期は最長で二期八年。その八年が経つと、国民は現政権からの「変化」を求めるようになります。つまり、新しく何かをやってくれそうな人物を次期大統領に求めるようになるのです。

ところが、ファーストレディー、国務長官と、長くワシントンの住人であったヒラリー・クリントンには、新鮮味がなく、魅力ある新大統領には見えなかったのでしょう。

トランプに大きな期待はできないにしても、「アメリカを再び偉大な国にするんだ」という、まるで古きよきアメリカというものが存在して、そこへ戻るかのような変化への期待感はあったのでしょう。アメリカに居住している人種の中で徐々にマイノリティに向かっている白人たちの抵抗とでも言えるものなのでしょうか。それが「優等生の女性」より「声の大きい白人男性」という結果につながったように見えます。

もちろん結果論ですが、八年前にバラク・オバマが立候補していなければ、初の女性大統領が実現していたかもしれません。それから八年経った今、オバマが立候補すれば、今度は初の黒人大統領でいいではないかという状況が生まれていた可能性もあるのではないでしょうか。順番が逆だったのかもしれない。そう思えてきます。

この順番が逆であれば世の中が大きく変わったかもしれないということは、日本の政治でもありました。かつて佐藤栄作が総理大臣として長期政権を担っていた時期のこと。次の総理大臣は誰かというとき、佐藤栄作の下に福田赳夫と田中角栄の二人の候補がいました。佐藤栄作は当時、福田赳夫に総理大臣を引き継ぎたいと考えていたのです。ところが、田中角栄が力づくで政権をとってしまいます。そこにちょうどオイルショックが起こりました。田中の「日本列島改造論」によって、地価や物価が上昇していたところに追い打ちがかかり、狂乱物価といって、とんでもない物価上昇をみるに至ってしまいます。その後、三木武夫をはさんで総理大臣になった福田赳夫がそれを抑えようとするわけですが、二人の政権の順番が逆で、福田赳夫がまず総理大臣になっていれば、あのような狂乱物価は起こらなかったのではないでしょうか。その後で田中角栄が総理になれば、あそこまでの物価上昇はなかったのではないかと思っています。

歴史に「·if＝もしも」はないのですけれど、順番が逆だったらもっとよくなっていたかもしれないということは、どこの世界にもあるものです。今回のアメリカ大統領選挙を見ていると、バラク・オバマとヒラリー・クリントンの立候補の順番がちがっていたらどうなっていただろうかと考えてしまいます。

アメリカは様々な人種の人たちを移民として受け入れ、そこに生じる差別などの問題を解決しようと努め、公民権運動やポリティカル・コレクトネスといった試みによって、男女差別も含め解消への道を探してきました。そして、ついに黒人大統領を誕生させたのです。しかし女性大統領誕生は先送りになりました。

では、トランプが次期大統領になったことが、今後、歴史的にどんな結果をもたらすのでしょうか。この順番が次にどう引き継がれ、どういう影響を及ぼしていくのでしょう。

どんな政権運営の方法をトランプが考えているのか

トランプは今後、どのように政権運営を進めるのか。それは、すぐに決定した人事から見えてきます。

トランプは、大統領の首席補佐官にラインス・プリーバス、首席戦略担当兼上級顧問にスティーブン・バノンを任命しました。この二人を車の両輪として、同格に扱っています。

ラインス・プリーバスは、党全体の政策の要綱をつくったり、資金調達をしたりする共和党全国委員会の委員長で、まさに共和党の主流派に属している人物です。首席補佐官は、大統領と議会との橋渡し役でもありますから、上下院の多数派となった共和党とうまく連携をとって自身の政策を実行するためにも、トランプはプリーバスを選んだのでしょう。

また、二〇一七年一月にトランプが大統領に就任し、政権をつくるためには、各省庁のトップクラスに位置する人たち約四〇〇〇人を選ぶ必要がありました。この人たちはポリティカル・アポインティ（政治任用）と呼ばれます。これまでのオバマ政権を支えてきたワシントンの各役所のトップクラスが一気に追いやられ、新たな人材が送り込まれる。これがリボルビング・ドア（回転ドア）と呼ばれるアメリカのしきたりです。

ところがトランプという人には政治経験がありません。ですから、そういった仕事に適任のどんな人がいるかという情報がありません。結局、トランプはプリーバスを中心に共和党の主流派の助けを得て、その人材を集めていくことになりました。つまり共和党の主流派といい関係を築いていこうとする、ということです。

しかし、そうなるとトランプに投票した多くの人たちにしてみれば、従来の共和党の大統領と変わらないではないかという不満が出てくることになります。既存のワシントン政治を否定して選挙で支持を得たのがトランプですから。その不満を解消する対策として、スティーブン・バノンを起用したのです。

スティーブン・バノンは、選挙対策本部の最高責任者を務めていましたが、保守系のニュースサイトの経営者でもあります。トランプの過激な発言を支持する、白人至上主義的な考えを持つバノンを側近として起用し、政権の中枢に置く。また、過激なことを言い、あるいは期待させるようなことを言い続け、保守系のメディアやツイッターなどで広めていく。トランプは、そういう姿勢をとることで支持者を納得させつつ、実際の政治はプリーバスによって堅実に進めていく。そうやって車の両輪で政権を動かしていこうとしているのですが、どうもうまくいっているとは言えないようです。人事などを巡っての内部対立が、二人の起用を決めてからすぐに報じられていました。

ただ、トランプというのは、これまでのビジネスの進め方を見ると、例えばホテルやカジノを経営するときに、自分が目をかける二人をあえて対立させ、それぞれを競わせて最終的には自分が決めるという方法をとってきました。今回の政権でも同じことをしようとしているのではないかと考えられます。

そのやり方はビジネスの場では成功したのかもしれませんが、政治の場で果たしてうまくいくのでしょうか。結局それが空中分解してしまうのではないか。その可能性もあるのではないかと思っています。そうならないように、両者の間の接着剤になるはずの存在が、トランプ・ファミリーでしょう。トランプの娘のイヴァンカと、彼女の夫のジャレッド・クシュナーを使い、内部での対立をなんとか和らげようとしているのではないでしょうか。それがトランプの戦略だと思います。

彼にとって周囲の人間は三種類に分けられます。家族か使用人か、あるいは敵です。これは、かつて小泉政権のときの田中眞紀子外務大臣について言われた表現です。トランプにとっても、家族と使用人がいて、敵は民主党でありマスコミなのです。

「トランプ・ショック」が起こった理由

トランプは、選挙中に様々な変革を口にしましたが、それが今後どういうふうに実現されていくのかと、戦々恐々としている人たちもいると思います。アメリカの大統領選挙で、隣の国との間に壁をつくるという公約を掲げた人物が当選した。そんな過激な、いや常識からすれば考えられないような発言をする人がアメリカの次のトップになることが決まって衝撃が走り、「トランプ・ショック」が起きたわけです。しかし、少し見方を変えてみてはどうでしょう。

日本の選挙でも、候補者が「私が選挙で選ばれたらこういうことをします」と、いろいろな公約を掲げます。ですが、聞いているこちら側は、選挙が終わったら、ポスターをベリベリと剥がすように、その公約もどうせ捨て去るのだろうと、かなり冷ややかに見ているのではありませんか。そんなことを言っていたとしても、実現するわけがないのにと。日本の選挙だと、そう思ってどこか冷静でいられながら、アメリカの選挙では公約は守られると思っている。

トランプも選挙中に主張していたことと、選挙後では既にそのトーンが変わってきている点が多々あります。トランプも政治経験がないとはいえ、既に選挙戦をくぐり抜けた政治家なのです。選挙中に言っていた公約を、大統領になったらその通り全て実行するなどということはないのです。それが、よその国だと、本当にその通りに実現するのではないかと思い、みんなが怯えている。それが「トランプ・ショック」の大きな理由なのではないかと思っています。

ただし、大統領選挙の公約の考え方には、二種類のパターンがあるように思います。一つは、公約と実際にできることは違うのだと、最初から割り切っている考え方。つまり、できないとわかっていても、それが選挙戦に有利に働くなら、公約に掲げてしまえ、ということです。

もう一つは、公約にした限り、なんとかそれを実行して期待に応えようという考え方。ただこのケースでは、本当にやろうと思っていたのに、オーバル・オフィス（大統領執務室）に入ったとたん、それがどれほど困難なことかを知り、実現できなかったということも多々あります。

例えばバラク・オバマ前大統領は、大統領選挙の最中に「キューバのグアンタナモ米軍基地の収容所を廃止する」と言っていました。ブッシュ政権時代、アメリカはアフガニスタンを攻撃し、大勢の捕虜をキューバのグアンタナモ米軍基地に連行しました。アメリカの本土に連れていくと、アメリカの国内法に則って弁護士をつけて取り調べを行わなくてはなりません。ところがキューバにある基地であれば、アメリカの国内法は適用されないと勝手に解釈していたのです。その結果、グアンタナモ基地では、取り調べという名の下、堂々と拷問が行われていました。

このグアンタナモ基地での収容所を廃止すると、オバマ前大統領は選挙中には言っていたのです。それから八年が経ちましたが、収容所はなくなっていません。結局、できなかったということです。

オバマ前大統領は、トランプの当選が決まった後、国民に冷静に受け止めるように求めました。実際に経験してこの二つの考え方を知っているからこそ、そう心配することはないよと、国民の不安を抑えようとしていたのでしょう。トランプ大統領が、いくらとんでもないことを口にしたところで、端から実行する気のないこともあるだろうし、その気だとしても、実際には大きな壁が待ち受けているのだから、というわけです。

アメリカ大統領の世界への影響力が低下する？

そうは言っても気になる点も多々あります。国際情勢の中でアメリカの果たす役割は大きいからです。

二〇〇〇年の選挙で誕生したジョージ・W・ブッシュ大統領は、トランプと同じように、世界情勢についてどうすべきか、何も展望を持っていませんでした。ブッシュはテキサス州の知事を務めていましたが、言い間違いの多さなどから、知的と思わない人も多く、大統領選挙では苦戦を強いられました。しかし、大統領候補によるテレビ討論会では、相手の民主党のアル・ゴア候補が、ブッシュの発言のたびに溜息をついたことが、上から目線として評判を落としたことなどもあり、接戦でブッシュが当選したのです。

ブッシュの政権スタッフは、ネオコンといわれる保守強硬派が周囲を固めます。ネオコンの言う通りにブッシュ政権の政策は進んでいきます。ネオコンの思想は、世界を民主化するためには、軍事力の行使も厭《いと》わない、というものでした。こうしてアメリカは、アフガニスタンやイラクでの戦争に突入していきます。その結果が大失敗だったことは、今も続く中東の混乱状態を見れば明らかです。

その後のオバマ大統領は、中東和平を少しでも先に進めようとしました。あるいは、アメリカの大統領としての影響力を行使して世界から核兵器をなくすために一歩でも前に進もうとしました。

ジョージ・W・ブッシュもバラク・オバマも考え方は違うのですけれど、世界に大きな影響を与えるアメリカ大統領という自覚は持っていました。ところがドナルド・トランプは、アメリカさえよければいいんだ、他の国のことなど知ったことではない、という考え方を持つ人です。アメリカ大統領が世界に及ぼす影響力という意識をあまり持ってはいないのでしょう。そういうトランプの政権運営によって、世界におけるアメリカの影響力の縮少といった事態が進行する可能性もあります。

トランプは、レーガン、ブッシュ、どちらのタイプの大統領になるのか

また、一九八〇年に大統領に選出されたロナルド・レーガンも、カリフォルニア州の知事を務めましたが、国政の経験がありませんでした。ですからレーガンが大統領になったとき、あんな政治経験もない、ハリウッドの二流役者が大統領になってどうなるのかと、多くの人たちが心配しました。ところがレーガンは、俳優ですから、優れた脚本家がいれば、その脚本の通りに演じるのです。レーガンは、国務長官のジョージ・シュルツなど、周りに優秀な脚本家を置いて、大統領を演じきりました。その結果、今、アメリカの歴代の中で最も愛されている大統領としての評価を得ています。

ジョージ・W・ブッシュという人も大きな展望を持っていなかったので、周りに集まった人たちの言うことを聞いていました。ただ、そこに集まったのは、ネオコンの面々でした。最近、ジョージ・W・ブッシュの父親、パパ・ブッシュとも呼ばれる元大

統領のジョージ・H・W・ブッシュが、息子のブッシュの周りにはろくでもない連中ばかりが集まり、そのために政権が誤った方向に進んだと書いた本を出版しました。

つまり、ロナルド・レーガンもジョージ・W・ブッシュも自分の深い考えというものを持ちあわせていませんでした。しかし周りに優秀な人材を揃えれば名大統領になり、そうではない人材が集まると、とんでもないことになるのです。ドナルド・トランプも近視眼的なものの見方ですぐに暴言と指摘されるような発言を繰り返しています。そんなトランプが、レーガンになるのか、ジョージ・W・ブッシュになるのか。そういう見方から、どういう人物たちが閣僚になるのかに注目が集まりました。

その結果、トランプ政権の中枢に起用される人物たちのこれまでの言動を知ると、これではどうなってしまうのかと不安がよぎります。外交や安全保障政策を担当する大統領補佐官には、元陸軍の国防情報局長のマイケル・フリンが起用されました。フリンは、オバマ政権の中東政策が手ぬるいといって、国防情報局長を辞任した人物です。

中央情報局（CIA）長官に起用された、下院議員のマイク・ポンペオは、テロの容疑者に「水責め」などの拷問をしたCIAを擁護しました。司法長官に起用されたジェフ・セッションズ上院議員は、不法移民の子供を市民として認める法案などに反対してきました。国土安全保障長官は、元南方軍司令官のジョン・ケリーで、キューバのグアンタナモ米軍基地のテロ容疑者収容所施設の閉鎖に否定的だった人物です。

国防長官には、アフガニスタン、イラクの両戦争を指揮して、中東の現状に強硬な姿勢で臨むであろう、元中央軍司令官のジェームズ・マティスが指名されました。海兵隊に入隊したマティスは、四四年の軍歴と、「戦争はたのしい。悪い奴を撃ち殺せる」などという物議を醸す発言から「狂犬」と呼ばれています。トランプも国防長官に彼を選ぶことをオハイオ州での支援者集会で発表する際、『狂犬』マティスを国防長官に指名する。彼は偉大だ」とコメントしています。「狂犬」であることを、トランプもよくよく認めた上で選んでいるわけです。

一方、国連大使には、サウスカロライナ州知事でインド移民の二世のニッキー・ヘイリー、教育長官には投資会社の会長を務めるベッツィ・デボス、運輸長官には台湾系のイレーン・チャオ、中小企業局長にリンダ・マクマホンの四人の女性を起用することで、強硬派の白人男性ばかりという印象を多少は緩和しようとしているようです。

当初、共和党の主流派は、国務長官にジョン・ボルトンを置きたがっていました。ボルトンは、ジョージ・W・ブッシュ政権時代の国連大使を務めていたネオコンの代表のような人物です。アメリカをアフガン戦争、イラク戦争へと推し進めた張本人と言えます。そのボルトンを国務長官に推す陣営と、元ニューヨーク市長のルドルフ・ジュリアーニを国務長官に推す勢力に、トランプの政権移行チームの中では分かれていたようです。ジュリアーニを国務長官にすれば、もしかするとレーガン大統領のようになったかもしれません。ボルトンを国務長官にすれば、ジョージ・W・ブッシュになったかもしれない。そういう状況で次々と何人かの候補の名前が挙がりは消え難航した国務長官選びですが、最終的にトランプが選んだのは、レックス・ティラーソンでした。ティラーソンは、大手石油会社のエクソンモービルの会長兼最高経営責任者です。二〇一一年には、ロシア国営石油会社との合弁事業開始を合意して、ロシアのプーチン大統領とも親交が深いと言われています。

国務長官選びを通して、レーガンのような大統領となるのか、ブッシュのようになるのかと言われたトランプですが、ティラーソンが国務長官になることで、レーガンかブッシュかという選択肢ではなく、まったく違った方向に進みそうです。経済状況や外交的な要因もレーガン、ブッシュ、そして現在と、それぞれの時代で違いますから当然と言えば当然なのですが、今のアメリカと世界の状況とをあわせ、人事から見えてきたのは、大手企業からの人材登用とロシアとの関係、これが今後のトランプ政権を考える上でのキーワードです。

政権人事の背景に見えるもの

ロシアは二〇一四年にクリミア半島へ侵攻して実効支配を続け、これに対してアメリカもヨーロッパもロシアに経済制裁を続けています。トランプは、「プーチン大統領を尊敬している」とコメントしたくらいですから、このティラーソンを国務長官に選んだことは、対ロシアに関しては関係改善を進めていくというメッセージでしょう。ですが、共和党の主流派はロシアを懐疑的に見ているので、今後、対ロシア戦略をめぐり、トランプ政権と与党・共和党の対立が表面化しそうです。具体的な対ロシアの話は、トランプ大統領誕生によって世界情勢がどうなるかという次の章で触れることにします。

次に大企業やウォール・ストリートから人材を多く登用している点です。大統領選挙中には、ヒラリー・クリントンがウォール・ストリートの投資家たちとべったりだと、トランプは非難していたのですが、実際に人材を探すと、なかなかなり手がなく、探し回った結果が今の人事になっているというのが実情なのでしょう。要は、トランプの閣僚になってもいいという優秀な人材がいないということです。結局、トランプの閣僚に入ることで、自分たちが属している業界や企業に利益を誘導できるかもしれないと思っている人たちが集まっている。この状況を見ていると、ジョージ・W・ブッシュのときと同じで、ブッシュを使ってうまいことやってやろうという人間が政権に集まり、彼のような大統領になるのかと思われるのですが、事態は更に深刻なようです。

国防長官には、マティスが選ばれました。中東、特に過激派組織「イスラム国」（IS）に対しては強硬な態度に出ることがはっきりしてきました。

軍の良識派には、トランプのような過激な発言の多い大統領とは距離を置きたいと考える人が多いのは当然です。感情的になって無闇に軍事行動を命令されて困るのは、現場の軍人です。その結果、「戦争はたのしい。悪い奴を撃ち殺せる」と公言する人物しか、トランプからの政権入りの要請を受けないことになるわけです。

共和党の主流派も、当初は人事面での介入を考えていたようですが、なかなかなり手がいなかったようです。予備選挙の頃から、トランプを大統領候補にすべきではないと批判してきたわけですから、トランプが大統領に選ばれた途端、急にすり寄って、「はい、わかりました。協力しましょう」とは、簡単にはならないでしょう。有権者にも示しがつかないし、さすがに矜持《きょうじ》が許さないと思うのです。

ところが、二〇一二年の大統領選挙の共和党候補だったミット・ロムニー元マサチューセッツ州知事は、選挙期間中にトランプのことを「詐欺師」と非難していたにもかかわらず、国務長官候補と噂され、トランプと会食したことも報じられました。急にすり寄った人物もいるにはいたわけですね。しかし、トランプ陣営内の反発も強く、トランプもさすがに支持者たちの手前、彼を任命することはありませんでした。

このように、人事の面ではかなりトランプが手綱を握って進めてきて、その意向が反映されています。いや、トランプが手腕を発揮したというより、トランプが主導せざるを得ないような状況があったのだとも考えられます。具体的な実際の政権運営が始まってからがどうなるのか。共和党側の不満が噴き出し、対立が深まる可能性も多々含んでいるのです。

実行される公約、切り捨てられる公約

では実際には、トランプ政権でどんな政策がとられていくと考えられるか見ていきましょう。

トランプは、大統領に就任したらすぐにＴＰＰ（環太平洋パートナーシップ協定）から離脱すると宣言していました。その通り、まず一番に実施された公約は、これでした。

また、トランプは選挙中、地球温暖化はデマだと言い続けてきました。地球が温暖化していると言って、アメリカに対策をとらせ、金を出させる。これはアメリカの経済を弱体化させようとする中国の陰謀であるとまで言い切っていました。実は共和党の議員の中にも、地球は温暖化していない、あれは陰謀だと言っている人が

大勢います。したがってアメリカは地球温暖化についての対策をまとめたパリ協定から離脱する、あるいは資金を拠出することをやめると言えば、議会からかなりの賛成が得られるでしょう。すでにトランプ政権は、環境保護局の長官に温暖化懐疑派の人物を指名。環境保護局の職員に対して、地球温暖化に関して一切発言しないように命じています。

トランプという人は、世界の中でのアメリカの立場や、アメリカが他国に与える影響というものを考えていません。彼は自伝の中で、「私はディール（deal）が好きだ」と言っています。ディール＝取引ですから、つまり「私は取引が好きだ」と。要は多国間でどうするかということより、一対一の交渉で、アメリカにとっての有利なディールを探る。そういう方針でこれから世界に対しても臨んでくるということです。

例えばＮＡＦＴＡ（北米自由貿易協定）について、トランプはずっと批判を続けてきました。ＮＡＦＴＡはアメリカ、カナダ、メキシコという三国間の自由貿易を推進する協定です。トランプは「この協定によってアメリカの産業がどんどんメキシコに逃げている。だからこの協定をアメリカに有利なものに変えるべきだ」と主張してきました。大統領になるや否や、再交渉の意向を示しています。このように、様々な経済における国際的な連携を、一旦白紙に戻して、一つひとつの国と改めてディールしていくという考えです。あくまで二国間のディールで貿易をしていくということです。

既にメキシコに工場移転の方針を打ち出していた企業に乗り込み、計画を撤回させています。メキシコで製造してアメリカに輸出するなら高関税を課すと脅したのです。とても「企業の自由を保障する資本主義国」の元首とは思えない振る舞いです。利益が上がらなければ経営責任を問われるのが資本主義の原則です。経営効率を考え、海外移転を計画していた企業に、大統領が圧力をかけるなどというのは、前代未聞の事態です。しかし、トランプを支持した労働者からは喝采を受けています。

ですがこのディールにも裏があります。トランプの要請に応じた空調設備メーカーのキャリアという会社は、国防総省など、アメリカ政府からの仕事が年間の売上高の一割を占めています。その契約を失わないためにも会社としては、トランプの要求に従った部分もあるでしょうし、副大統領になるマイク・ペンスが知事を務めるインディアナ州での減税措置が約束されたとの報道もあります。アメリカの労働者の雇用を守るという有権者向けのパフォーマンスの裏には、したたかな取引があるのです。

一方で、会社の利益を重視するのであれば、表向きはトランプの申し出に従ったような形をとりながら、経営戦略的に工場などを移動させていくことはあるでしょう。更には、今後移転しようとしている工場などの移転を無理矢理阻止したとしても、これまでに海外へ流出した会社や工場が戻ってくるわけではありません。ですから、この方法で雇用を取り戻すというトランプの主張は簡単には実現しないでしょう。

長い目で見ると、例えばメキシコにアメリカ企業の工場などが新たにできない、もしくは撤退するなどという事態になれば、メキシコの経済状況は悪くなり、職を求めてアメリカへ不法入国するメキシコ人たちが増えそうなものです。一方で、不法移民を排除すると言っておきながら、不法移民が増えそうな政策を実行しようとする。またアメリカ国内だけで車を製造するとなると、生産コストが嵩み、値段の高い車ばかりになってしまいます。消費者たちは車を買えなくなってしまうかもしれません。

一方、国内製造の製品を守るために輸入製品に高い関税をかければ、国内の物価は上がります。それも多くの人たちの日常生活を苦しめることになるでしょう。そして高関税を課すとなると、輸入品を売っている販売業の人たちの売上が落ち、雇用を失う結果につながるかもしれません。トランプの発言は、こういった近視眼的で矛盾を孕むケースがとても多いのです。

更に言えば、アメリカ国内の製造業は、海外に移転したものもある一方、自動化やロボット化を進めて人員削減を図ってきたところが多いのが実態です。今後はAI（人工知能）の導入によって、より一層、人手が少なくて済むようになるでしょう。これは、大統領が口先で介入して何とかなるものではないのです。

それでもトランプは、これからも同じように企業に介入すると発言しています。支持者たちの歓心を買うためにも、まるで成果が上がったかのように見えるディールを続けていくのでしょう。

ディールが好きというトランプの姿勢は、全ての政策に関わっていきます。それは経済に限らず、外交も同じように二国間の取引を中心に進めるということです。

あくまでディールですから、交渉相手が言うことを聞かないのであれば、トランプは様々な手を打ってくると考えられます。貿易であれば、関税を上げて自国の商品の保護に走ることになるかもしれません。ただ、そうすると今度は、世界の貿易の自由化を促進してきたＷＴＯ（世界貿易機関）の取り決めに違反することになります。

ＷＴＯに反するようなことを、トランプは選挙中に言っていたわけです。本当はトランプがしようとしていることは、現在の貿易協定が多国間で合意形成されている中ではできないはずなのです。トランプの主張を実行すれば、第二次世界大戦後、貿易の自由化や秩序の形成を進めてきた世界的な流れを逆行させることになります。そんなアメリカに世界はどう対処するのでしょうか。

同じようにトランプは、それは絶対にできないということを、平然と選挙中に言ってきたのです。ですから、そういうすぐに行き詰まるような主張に関しては、今後は捨てざるを得ないかもしれません。

メキシコとの間に壁はできるのか

例えばトランプは演説で、メキシコとの間に壁をつくると言っていました。立派な美しい壁をつくるとまで彼は言っていました。そしてそのための費用はメキシコに出させると。ですが、実際にメキシコに壁をつくれ、その金を出せと迫っても、メキシコは嫌だと言っています。それなのにトランプは、「メキシコがすぐに金を出さないのなら、アメリカが壁をつくり、後でメキシコに払わせる」と言い出しました。

そのために、メキシコからの輸入品に二〇％の関税をかけ、その収入を建設費に充てるというのです。二〇％の関税は、もちろんＷＴＯ（世界貿易機関）のルールに反します。それでも強行しようとする。これがトランプ流です。

そしてトランプは大統領就任直後、不法移民への規制を強化する大統領令に署名し、メキシコとの国境沿いに直ちに「壁」を建設するよう連邦政府に指示しました。支持者に示した公約実現に動き出しましたが、メキシコ政府は強く反発し、ペニャニエト大統領は二月末に予定されていたトランプとの首脳会談の中止をアメリカに通知しています。

またトランプは、選挙期間中に「イスラム教徒を入国させない」と言っていました。実はあの発言の文脈は、テロがヨーロッパを中心に頻繁に起きていた選挙戦当時、テロが誰によって、どのように起きたのか、それらが詳しくわかるまでの間は、イスラム教徒は一切入国させないという言い方をしていました。実行しない場合も、ちゃんと逃げ道は用意していたのです。

しかしこちらも、就任直後にイスラム教圏からアメリカへの入国を禁止した「外国人テロリストの米国入国からの国家保護」という大統領令に署名し、シリア、イラク、イラン、リビア、ソマリア、スーダン、イエメンの七か国を対象に一時的入国禁止に踏み切りました。アメリカの各国際空港では指定された国からの乗客が拘束され、この大統領令に抗議するデモも起きて、混乱状態になりました。これには政府内やアメリカの企業からも批判の声が上がり、連邦地方裁判所が憲法違反だとして効力を停止する決定をしました。まさに今、アメリカは大混乱。大統領一人が代わっただけで、このような事態が引き起こされたのです。

共和党とトランプはうまくいくのか

大統領選挙と同時に行われた上下院議員の選挙の結果、両院とも共和党が多数を占めました。しかし選挙中、トランプと共和党の主流派とは、互いに批判しあう状況が続きました。党の候補者を選ぶ予備選挙の際からずっと諍《いさか》いは続いてきましたが、トランプが当選した結果、互いに擦り合わせを続けているといったところです。議会の多数派となった共和党と連携しながら、まさに共和党ともディールしながら、今後の政策の内容が具体的に決まっていくのでしょう。ですが、それでも既にトランプと共和党との間にある溝が様々な問題を引き起こしそうな兆候がたくさんあります。それらの具体的な問題については徐々に触れていくことにしましょう。

既に人事の面で始まっている共和党との連携については先に書きました。そこで、ここでは共和党について少しまとめておきます。

まず今回、共和党の候補者としてトランプが立候補し、対するヒラリー・クリントンは民主党の候補者でした。他にも政党は存在しているのですが、この共和党と民主党が圧倒的な勢力を有しているアメリカの二大政党です。

例えばトランプの他に、ともに大統領になったブッシュ親子や、先に挙げたロナルド・レーガンも共和党です。前大統領のバラク・オバマ、そしてヒラリー・クリントンの夫のビル・クリントンは民主党の大統領です。

ざっくり言うと民主党は、積極的に大きな政府を志向しているわけではありませんが、結果的に大きな政府になっても構わないと考えている政党です。要するに、社会保障を充実させることで、どんな立場の人であっても生きていける社会を目指しています。

一方、共和党は、一人ひとりの努力によってアメリカ合衆国の資本主義は築かれた。だから頑張る人がそれぞれ報われるような社会にしよう。そのためには国があれこれと口を出したりすべきではない。そういう考え方の政党です。なるべく国家は規制をしないで、人々や社会の自由な活動を推進することで様々な活動を活発にしようとする。その結果として、小さな政府を志向することになります。

だからそれまでアメリカにはなかった医療皆保険制度を目指したオバマ・ケアに

ついて、民主党は、健康保険に入れず医療費を払えないで困っている人たちがいるのであれば、その人たちを保険に入れて救おうと考えます。一方、共和党は、オバマ・ケアなんてとんでもない、保険への加入に国が口を出すべきではなく、個人がそれぞれ考えるべきで、一切やめるべきだと主張するわけです。

トランプは、最初はオバマ・ケアを評価する発言をしていましたが、そのうちに共和党の主流派に妥協して、オバマ・ケアをやめると言い出しました。彼の考え方は、従来の共和党の考え方と違う点が多々あり、結局、大事なものは残すといって、オバマ・ケアは修正するといった発言もしています。このようにトランプと共和党の主流派とは、考え方が違うことが多く、政策をこれから具体的に決めていこうとする度にいろいろな摩擦が起こるであろうとも考えられるのです。

共和党員が激増した

そんなトランプと共和党との関係にもかかわらず、どうしてトランプという人が共和党の大統領候補になれたのか。一年間の共和党の候補者を決める予備選挙や党員集会に、これまで共和党員ではなかった人たちが、トランプを大統領にしようと、どっと集まったからなのです。

予備選挙や党員集会は州ごとにルールが違いますが、共和党の場合は当日にその会場にやって来て、共和党に入りたいといって名前を書いて登録すると、すぐに投票できるところが多いのです。そのため、トランプが今回の大統領選挙に立候補して発言を始めたときに、おもしろいから彼を共和党の候補者にして、大統領にしようではないかという、共和党とは縁もゆかりもなかった人たちが入ってきて、投票をしたのです。ですからこの一年で共和党員は激増しました。つまりトランプを支持する人たちに共和党が乗っ取られたといってもいいでしょう。そういう人たちまで投票に行って、大統領選挙と同時に行われた上下院議員の選挙でも、共和党に票を投じた結果、共和党の議席が増加しました。

トランプが共和党の大統領候補になった当初は、共和党の主流派は激しい嫌悪感で反発していましたが、トランプが大統領になったおかげで自分たちの議席も増えたとなると、いささか頭が上がらないところもあります。とりあえず、やはり大統領ですから、大統領の言うことを聞く姿勢は、しばらくは続くでしょう。

ですが共和党にも、伝統的な主流派の考え方があります。自由貿易を推進するのが基本的な姿勢であり、ＴＰＰを支持していました。それにもかかわらず、トランプはＴＰＰから離脱を宣言しましたから、その動きに対しての反発もあります。そうすると、とりあえずはおとなしくしているものの、トランプ大統領の陣容が揃って、いよいよ政権が動き出す頃には、いろいろな問題が出てくると考えられます。

アメリカには一〇〇日ルールというものがあります。大統領が一月に就任してから一〇〇日間、だいたい三か月間はハネムーンの時期ということで、とりあえず批判は抑えて、まずはお手並み拝見というのが暗黙の了解でした。メディアもあまり批判はしません。これが慣例だったのですが、トランプ政権は発足当初からマスコミ批判を繰り返してきました。これにはマスコミ各社も反論。結局、一〇〇日ルールなどどこかに消えてしまいました。

分断を生む選挙結果

今回のトランプ大統領誕生に際し、危機感を抱いている人たちが大勢います。その結果、トランプ大統領に反対するデモが全米各地で起こりました。トランプの人種差別的、女性蔑視的な言動などに対して、そんなことをする人が私たちの大統領とは認めないという意思表示をしているのです。また、総得票数がヒラリー・クリントンのほうが多いことも、いくら選挙のルールといえども腑に落ちないのだと思います。これまでのアメリカの大統領選挙では、考えられないことです。

その中で、マイノリティたちが切実に危機を感じていることがあります。それは連邦最高裁判所の判事の任命についてです。

アメリカの連邦最高裁判所の判事は九人です。奇数にしているのは、多数決で判決が出るようにするためです。これまでの九人は、保守派五人、リベラル派四人でした。判事は終身制をとっているため、誰かが亡くなると、新たに任命されます。二〇一六年、保守派の判事が亡くなりました。そのため現在は、判事の席が一つ空いており、保守派四人、リベラル派四人となっています。

連邦最高裁の判事は大統領によって指名され、上院で承認される形をとっています。オバマ政権はリベラル派のメリック・ガーランド判事を新たな連邦最高裁判事に指名していましたが、共和党が人事案承認のための上院公聴会を開くことを拒み、決まらないままになっていました。ヒラリー・クリントンが大統領になれば、本人も民主党も、このオバマ政権の方針を推し進めていくはずだったのでしょうが、そうはなりませんでした。

トランプ大統領は、この空席になっていた連邦最高裁判事に、保守派のニール・ゴーサッチ連邦控訴裁判事を指名すると発表しました。トランプと共和党の意見は必ずしも一致するわけではないと述べましたが、ここでは双方が納得のいく人事だったようで、最高裁において保守優位を形成したことになりました。

もっとも、トランプが、「判事はどうあるべきか」ということにそれほど強い考え方を持っているとは思えません。トランプにとってみれば、アメリカ憲法修正第二条の「銃を持つ権利」さえ守ってくれる判事であればいいくらいの考えでいたのかもしれません。

今後、例えば同性婚や妊娠中絶について争われた場合、保守的な判事が一人多い状態でどういう判断が下されることになるかは想像に難くありません。そういう判例が日々の生活に影響を与え、トランプ当選後に増えている差別的な振る舞いとともに、生きにくい社会の雰囲気を醸成する原因の一つにつながっていく可能性があります。

近年、アメリカでは、同性婚を認めるなど、連邦最高裁判所の判決がリベラルな方向に進んできました。しかしトランプ政権によって、この流れが逆転する可能性はかなり高く、アメリカ国内の新たな分断を引き起こす要因になりそうです。

孤立主義の伝統を持つアメリカ

ここからは、ドナルド・トランプが次期アメリカ大統領に決まったことを世界がどう受け止め、そしてトランプ大統領誕生によって世界にどのような影響が生まれる可能性があるかを見ていきましょう。

まずは、アメリカ第一主義、保護貿易主義などを表明しているトランプを世界がどう見ているかです。

これまでのアメリカは、世界中どんなところにも顔を出し、世界の警察官として振る舞ってきました。事実、様々な紛争の表にも裏にもアメリカの存在がありました。しかし、歴史をさかのぼってみると、これは第二次世界大戦後の姿であることがわかります。

かつてアメリカはモンロー主義という外交政策をとっていました。一八二三年に、第五代のジェームズ・モンロー大統領が発表した原則です。要するに南北アメリカ大陸にある国に対して、ヨーロッパは口を出すな。われわれもヨーロッパに口を出さないからと宣言したのです。それは、ヨーロッパもアメリカもお互いに政治的な干渉をしないようにするということです。この孤立主義をアメリカは長い間、守り続けてきました。

ですから一九一四年に勃発した第一次世界大戦で、ヨーロッパにおいてドイツが軍事力によってどんどん勢力を拡大しても、アメリカは参戦しようとしませんでした。しかし、イギリスの貨客船がドイツの潜水艦に撃沈され、大勢の犠牲者が出ます。その犠牲者の中に多くのアメリカ人が含まれていたことで、これは許せないとアメリカ国内でのドイツに対する非難が高まったことをきっかけに、ようやく腰をあげ、参戦しました。つまり、モンロー主義を掲げていたアメリカは、ヨーロッパでどういう戦争が起ころうが、知ったことではないという態度をとっていたのです。

その第一次世界大戦が終わったときに、アメリカのウッドロウ・ウィルソン大統領は、あまりに悲惨な世界大戦を経験して、なんとか世界から戦争をなくそうと、国家間の関係改善のため国際連盟を提唱します。ですが、結局このウィルソンの考えはアメリカ国内では承認を得られませんでした。議会で反対され、国際連盟を提唱したアメリカが、不参加を表明する事態になるのです。アメリカの議会には、世界大戦を経てもなお、モンロー主義を貫こうとする議員たちが多く、国際連盟への参加などということはアメリカのとるべき態度ではない、ということだったのです。アメリカは、世界の政治と関わることなく、自分たちのことさえやっていればいいという伝統が根づいていたわけです。

第二次世界大戦のときも、ナチス・ドイツの軍事力がヨーロッパを席巻しているにもかかわらず、アメリカは戦争に加わろうとはしませんでした。そのドイツと同盟を結んでいた日本がハワイの真珠湾を攻撃して初めて、アメリカは、ドイツ、イタリア、日本に対して宣戦布告をしました。

日本が真珠湾攻撃をしたとき、イギリスのウィンストン・チャーチル首相が、「これでわれわれは勝てる」と言ったという有名な話があります。このままでは連合国側がドイツに負けてしまうかもしれないという状況下で、日本がアメリカを攻撃したことによって、アメリカが参戦し、連合国に加わる。これでわれわれ連合国は勝つことができると、チャーチルは思ったのです。それほどまでにひっ迫している戦況だったにもかかわらず、アメリカは世界のことに無関心だった。それが本来のアメリカなのです。

ところが第二次世界大戦が終わると、ソ連を中心とした社会主義圏ができます。戦場となったヨーロッパの国々は疲弊していて、ソ連に対抗し得る国はありませんでした。すると今度は、資本主義を掲げるアメリカそのものの存続が脅かされるようになります。これはいけないということでソ連に対抗し、アメリカは世界に軍事力を展開していくことになりました。つまり世界の警察官であるほうが、アメリカの歴史の中では新しくて、例外的なことなのです。ですから今後、モンロー主義の伝統を持つアメリカは、世界で起こっていることにそもそも関心がないという、昔の姿に戻るだけなのかもしれません。トランプの振る舞いを見ていると、こういう捉え方もできると考えています。

世界から警察官がいなくなったら

一九八〇年代後半から、アフリカのソマリアは内戦状態になり、国民に食料さえ行き渡らない酷い状況になりました。そこでアメリカのビル・クリントン政権は、軍隊を送り込みます。しかし内戦は混迷を極め、結果的にソマリアへのアメリカの派兵は失敗し、撤退することになりました。

二〇〇一年九月一一日に発生したアメリカ同時多発テロ事件は、世界に大きな衝撃を与えました。そしてその事件の首謀者とされたウサマ・ビンラディンとアルカイダの引き渡しをめぐって、アメリカとアフガニスタンのタリバン政権は対立します。ついにはアメリカを中心とした同盟国軍が二〇〇一年一〇月、アフガニスタン攻撃に踏み切りました。この戦争で、アメリカ人の死傷者は一万五〇〇〇人にも上っています。

また、サダム・フセインが独裁政治を行っていたイラクに対しても、ブッシュ政権は大量破壊兵器の保有を理由に攻撃を仕掛け、フセインが死亡した後も、「民主化と安定」のために、軍を残しました。

世界のどこかで何かが起これば、アメリカの軍隊が駆けつける。そういうものだと当時の多くの人たちは思っていたでしょう。理由はともかく、そのどこにでもやってくるアメリカの存在は世界の警察官であり、ときには抑止力になっていたと考えられます。

「何でアメリカが他の国や他の国民を守らなければならないんだ」、「守ってほしいのなら、相応の負担をしろ」というトランプですから、お金にならない紛争や対立には口も手も出さなくなる可能性は大いにあります。

では、アメリカという警察官がいなくなったときに世界はどうなるのでしょうか。

ある地域に交番があり、警察官がいつもパトロールしていた。それで、その地域の治安は維持できていたわけですが、突然その警察官が、「俺はもう警察官を辞める、この地域のことは知ったことではない」と、宣言していなくなります。そうすると、悪いことを考えている奴らは、「警察官がいなくなれば、自分たちの好きにできるぞ」ということになるでしょう。そうではない人たちは、これからは自分たちで治安を維持しなければならないのだから、自警団をつくって見回りをしよう、ということになるでしょう。今、世界はそういう状態になろうとしていると言えます。

アメリカという抑止力が失われ、地域の力関係が前面に表れて、新たな勢力地図ができるかもしれません。トランプの言う自国第一主義が押し進められ、アメリカが孤立主義をとるようになれば、世界はそういう時代を迎える可能性が高いでしょう。

ただ、アメリカが世界に及ぼしている力は、地域によって様々です。アメリカが世界のあちこちから手を引いていった場合に、どういう状況になるのかは、現在アメリカがそれぞれの国や地域と、どういった理由でどう関わっているのかを見きわめて判断する必要があります。

トランプ大統領誕生とロシアの思惑

トランプが大統領に決まったことで、大喜びしている国は、ロシアです。

ロシアは今回のアメリカ大統領選挙に介入していました。選挙中に民主党全国委員会の幹部たちのメールが次々にウィキリークスのサイトに暴露されます。民主党の幹部たちが、ヒラリー・クリントンを大統領候補にするためにバーニー・サンダースを引きずり下ろすにはどうしたらいいかということを相談していたというメールが表に出てしまったのです。

これについてアメリカのＣＩＡ（中央情報局）が捜査した結果、ロシア軍の情報部の下請け組織がハッキングしていたということを、アメリカ政府の正式なコメントとして発表しています。ドナルド・トランプは、ロシアのウラジーミル・プーチン大統領を尊敬していて、「シリア情勢はロシアに任せればいい」などと、クリミア半島をロシアが併合したことも容認するかのような発言をしていました。一方、ヒラリー・クリントンは、オバマ大統領とともに、クリミア半島に侵攻したロシアに対して厳しい態度をとっていましたから、ロシアとしてはなんとしてもトランプを大統領にしたかったのです。そのために、クリントン陣営の足並みを乱し、クリントンへの有権者の印象を悪くしようと、メールをハッキングし、クリントンが不利になるような情報をウィキリークスで流していったのです。

今回の大統領選挙中、アメリカのメディアは、まずは朝、ウィキリークスに何か新しい情報が上がっていないかチェックをすることから始めていたほどです。ロシアの工作は功を奏したと言えるでしょう。その結果、トランプが当選確実となった際、「トランプ・ショック」で世界中の株価が暴落しましたが、ロシアの株だけは上昇しました。これからは、ロシアにとってたいへん都合がよい状態に世界がなると見ている人が多いことを示しています。

現在、米露関係は、東西冷戦終結以降、最悪と言われています。それは二〇一四年にロシアがクリミア半島に侵攻してウクライナを実効支配してから続いています。アメリカをはじめヨーロッパ各国もロシアを非難し、経済制裁を続けています。

もし今後トランプが、プーチン大統領と親密な関係を築こうと接近すれば、この状況が劇的に変化するのではないかとも考えられます。第2章でも触れたように、国務長官に起用したレックス・ティラーソンは、ロシアのプーチン大統領とも関わりが深く、トランプ政権がロシア寄りになることは確かでしょう。

そうなるとトランプ政権の姿勢は、「シリアもロシアに任せればいい」ということになりそうです。ロシアは、シリアの独裁者であるパシャール・アル・アサドを支援し、一方アメリカはアサド政権に反対する反政府勢力を支援してきました。つまりシリアの内戦は、アメリカとロシアの代理戦争のような様相を呈してきたのです。そのアメリカが反政府勢力への支援を止めて、ロシアに任せるということになれば、独裁国家として非難されているアサド政権が存続することになります。

トランプは、世界の問題はその周辺国で解決すればいいし、その地域で力のある国が指導していけばいいと考えています。そうなると、シリアやクリミア半島は、ロシアに任せればいいということになり、ロシアはアメリカの介入を心配することなく、都合のいいように何事も押し進めていくでしょう。

シリアの内戦にも大きな影響

二〇一六年の一二月、シリアのアレッポでアサド政権が反政府勢力を制圧したと報じられました。ロシアが後押ししているアサド政権は、トランプがアメリカの大統領になることで、もう反政府勢力にアメリカは力を入れない。オバマは大統領の任期が切れる寸前なので何も言えなくなっている。そのような状態の今、何をしてもアメリカは文句を言わないだろうと判断して、反政府勢力が最大の拠点にしていたアレッポでの軍事行動に出たのです。

これからシリアはアサド政権のもとで統一されていくことになるでしょう。ですから皮肉なことですが、内戦は終わりを告げるでしょう。近年、問題になってきたヨーロッパに流入しているシリア難民の問題もおさまる可能性があります。ただし以前より一層、独裁政権のもとで、シリア国民の暮らしは厳しくなるでしょう。

一方、この地域では、クルド人部隊が過激派組織「イスラム国」（IS）との戦いで活躍しているので、シリアとトルコに関しては、クルド人の支配地域が実質的に広がっていくと考えられます。それがまたこの地域のもう一つの波乱要因になるでしょう。トランプ政権の国務長官になったレックス・ティラーソンは、エクソンモービルの会長兼最高経営責任者であることは先に触れました。実はそのエクソンモービルは、イラクのクルド自治区で石油事業開発の契約をしています。イラクやクルド人自治区に利害関係を有していた人物が、アメリカの外交責任者になって、中東情勢に影響力を持つ。驚くべきことです。

ロシアとトルコの関係は既に新たに動き出しています。アサド政権がアレッポへの攻勢を強め、制圧しようとしていたとき、トルコの首都のアンカラでは、ロシアのアンドレイ・カルロフ駐トルコ大使が、トルコの警察官に射殺されました。犯人の警察官は犯行の際、「アレッポを忘れるな、シリアを忘れるな」と叫んでいます。トルコは、シリア内戦で反政府勢力を支援していますから、ロシアに対する反発が犯行の動機であるのは確かでしょう。しかしトルコのレジェップ・タイイップ・エルドアン大統領は、ロシアとの関係正常化を訴え、反エルドアン派がロシアとの関係悪化を図ってカルロフ大使を殺害したと主張しています。トルコ国内では、権力を強化するエルドアンに対する反発もあり、二〇一六年の七月には、クーデター未遂が起こっています。この事件をきっかけに、トルコ国内では反政府勢力と見なされる多くの人たちが逮捕され、弾圧を受けています。トルコ国内の反政府勢力を壊滅させたエルドアンは、海外にいる反エルドアン派も潰しにかかっています。例えば日本に住んでいるトルコ人たちの中には、エルドアン政権に批判的な人たちもいます。その人たちがつくったインターナショナルスクールに介入するような動きも出ているのです。

シリアをめぐってトルコとロシアは緊張関係が続いてきました。二〇一五年一一月には、シリアで軍事作戦を行っていたロシア軍の戦闘機を、トルコ軍機が撃墜しました。両国の関係は断絶状態になります。その関係修復のため、二〇一六年の八月に、エルドアンとプーチンの会談がロシアで行われました。そういう状況の中で、二〇一六年の一二月二九日に、アサド政権とシリアの反政府勢力が停戦に合意したと、トルコとロシア両政府が発表しました。ロシアとトルコは停戦の保証役を務めます。ここにアメリカは関与していません。こうしてトランプ新大統領誕生後の世界の動きが進み始めているのです。

プーチン大統領のバルト三国への思い

いま私が心配しているのは、バルト三国（エストニア、ラトビア、リトアニア）情勢です。

ロシアのプーチン大統領は、かつてソ連が崩壊してしまったことを、「地政学的な大災害」と発言しています。彼にとってソビエト連邦の崩壊は、大きな災害であり悲劇であったということです。だからこそプーチンには、かつてのソ連の栄光よ再び、という思いがあるのです。

一九八九年のベルリンの壁崩壊、そして一九九一年のソ連崩壊以前は、ソ連、そして東ヨーロッパ各国による社会主義ブロックがつくられていました。しかし現在では、東ヨーロッパの国々は、ＥＵ（欧州連合）やＮＡＴＯ（北大西洋条約機構）に加盟していて、すっかり西側グループの一員になってしまいました。プーチンにしてみれば、東ヨーロッパについては仕方がないと諦めるものの、かつてソ連の一部だった国々までがＥＵやＮＡＴＯに入り、ロシアと対立することは我慢がならない、という思いを持っているのです。

ポーランドやハンガリー、チェコやスロバキアが西側へ行ったことは問わないけれど、ウクライナやジョージア（グルジア）といった国々が向こう側へ行くことは絶対に阻止したい。だからウクライナに兵を差し向けて内戦状態にし、ＥＵ諸国がウクライナの加盟を認めないようにする。これがプーチンの狙いであり、やり方なのです。

ただし、ウクライナを完全に併合してロシアにするつもりは、プーチンにはありません。ウクライナはあくまでもウクライナのままで、ＥＵには加盟させず、つねにロシアの影響力が及ぶようにしておきたいのです。プーチンにとっては第二次世界大戦の際、ソ連がナチス・ドイツに攻め込まれたことがトラウマになっています。だから国境を接する国にロシアの影響力が及ばないことをたいへん恐れているのです。

ロシアに併合するつもりはないけれど、ＥＵ諸国との緩衝地帯としてロシアに逆らわない国を残しておく。これがウクライナであり、ジョージアということになります。

バルト三国も、かつてはソ連の一部でした。それがソ連崩壊の直前、独立を果たします。その独立は、ソ連崩壊の一因でもありました。そのためバルト三国のことを、ソ連が崩壊した後に独立したウクライナやジョージアとは少し立場が違うと、プーチンは考えています。ただし、バルト三国が独立したことで、バルト海に接しているカリーニングラードが、リトアニアとポーランドに挟まれたロシアの飛び地になってしまいました。

バルト三国が、NATOやEUに加盟したことで、ロシアと国境を接している向こう側に、ロシアの言うことを聞かない西側の国ができてしまった。しかもそこにはロシア系の住人が大勢住んでいて、その三国の向こう側にもロシアの領土がある。独立したバルト三国に住んでいたロシア系の住民は、その地でマイノリティになってしまっています。これをなんとかしたいという思いをプーチン大統領は持っているはずです。けれどバルト三国に対して軍事力を使って圧力をかけようものなら、ロシアに対する国際的な非難は今以上に増すでしょうし、もちろんアメリカも黙ってはいないでしょう。ですから、そんなことはこれまではとてもできませんでした。

ところが、プーチンを尊敬すると言い、その地域のことは周辺国に任せればいいではないかというトランプがアメリカの大統領に就任しました。アメリカがまず大事であって、よそのことには口出ししないというトランプの姿勢が本物ならば、ロシアがバルト三国に干渉しても大丈夫かもしれないと、プーチン大統領が考え始めた可能性は大きいはずです。

トランプ大統領が正式に誕生した今後、ロシアは、アメリカの行動を見極めながら、バルト三国に対する挑発的な振る舞いを仕掛けてくるのではないかと、私は悪い予測をしています。

対ロシア政策をめぐるアメリカ国内の問題

トランプが国務長官人事をはじめ、ロシアとの関係改善を進めようという意向を持つ一方、これまでの政治的な積み重ねもありますから、アメリカ国内では今後、対ロシア政策をめぐって争点になっていく可能性があります。

先に触れたように、選挙期間中にウィキリークスによって民主党幹部などのメールが流出します。その内容は、ヒラリー・クリントンや民主党に不利になるような内容ばかりでした。この件にロシアが関わっていたことを、アメリカのＣＩＡ（中央情報局）は公式に認めています。そのため、オバマ前大統領は、自分の任期中にＣＩＡなどに大統領選挙中のハッキングなど、ロシアがどのように関わっていたかを調査し報告するように命じました。そして二〇一六年の年末、オバマは、ロシアのサイバー攻撃に対する制裁として、ロシアの外交官三五人のアメリカからの国外退去、アメリカ国内で諜報活動に使っていたとされるロシア政府の施設の閉鎖、という決定を下します。また、調査の結果、国家情報長官室によって、ロシアによるサイバー攻撃は、プーチンの指示があったとの報告が二〇一七年一月の初頭にされています。

こうなると、大統領選挙にロシアが介入したと、議会も大きな問題にするのではないかと考えられます。トランプはこれまで、ロシアによる選挙への干渉はあり得ないと答えてきました。笑い話であって、真面目に話すことではない。自分が何かすると、すぐロシアが干渉したと言われる、ともコメントしています。ですから、そんなことはでっち上げだ、と言って応戦してきたのですが、最近は選挙には影響がなかったという言い方にトーンダウンしました。

トランプはこうして批判を押さえ込もうとしていますが、いくら自身が所属している共和党が上下両院の議会の多数を占めているとはいえ、今後、議会でロシアとの関係について問題化された場合、その運営は厳しい面が出てくるかもしれません。共和党の主流派にしてみれば、ロシアは信用ならないという意識を持っていますから、いくらトランプがロシア寄りの姿勢を打ち出そうとしても、現実的な政策面では、協調を迫られます。

トランプは、オバマがロシアのサイバー攻撃への制裁を実施したことに対し、ロシアが対抗措置をとらずにいたことを、「素晴らしい対応」とコメントしています。ただ年明けのサイバー攻撃にプーチンが関わっていたという情報当局の報告後には、対ロシア強硬派のダン・コーツ前上院議員を、国家情報長官に起用しました。国家情報長官は、アメリカの情報機関を統括する地位です。これはやはり国内に向けて、ロシアに対して、もちろんどこの国に対してもですが、情報の漏洩などはさせないというメッセージでしょう。

このように内外、硬軟、それぞれを使い分けてかけひきをしているトランプですが、今後、アメリカの対ロシア政策は、トランプ陣営と議会との不協和を表面化させていくことでしょう。

中国もトランプ新大統領を歓迎!?

次に中国とアメリカとの関係を考えてみましょう。

まず、トランプがＴＰＰ（環太平洋パートナーシップ協定）への不参加を表明したことを、中国は歓迎しています。ＴＰＰというのは中国抜きで環太平洋の国々が連携し、伸長する中国に対抗していこうという取り組みですから、中国としては、そういう動きはおもしろくなかったわけです。それがアメリカの離脱によって挫折するのですから、中国はしめたと思っているはずです。したがって今後中国が、ＲＣＥＰ（東アジア地域包括的経済連携、アールセップと発音）という中国と東南アジア諸国が加盟した経済連携協定に、力を入れてくるのは目に見えています。ここには日本も入っています。

中国はＡＩＩＢ（アジアインフラ投資銀行）を二〇一五年に発足させ、中国主導でアジアの開発を進めていこうとしています。トランプ大統領の誕生によって、TPPからアメリカが離脱するわけですから、中国は今後、その穴埋めをするような形で動いてくるのです。

また、南シナ海の問題もあります。中国は、南シナ海のほぼ全域を「九段線」という独自の境界線でもって区切り、自国のものだと主張しています。二〇一六年には、中国が南シナ海にあっという間に人工島をつくってしまい、軍事拠点にまでしていることが国際的な問題になりました。オランダ、ハーグの仲裁裁判所は、その中国の領土認識と行動を根拠がないと認定していますが、中国はそれを受け入れずにいます。

アメリカは、「航行の自由作戦」という作戦名で、中国がつくった人工島付近など、南シナ海を軍艦に通過させ、中国の動きをけん制しています。ところがトランプは、一九八〇年頃に日本に来た際のインタビューで、日本は中東から大量の石油や天然ガスを輸入しているけれど、そのためのシーレーンを守っているのは、アメリカである。日本はしたたかだけれど、これはフェアではないといった発言をしています。この発言から、トランプ大統領は、現在の南シナ海の問題に対しても、アメリカが南シナ海を守っても、その恩恵を受けるのは、日本と韓国だけだろうと考えそうに思えてきます。

アメリカの場合、中東から石油や天然ガスを運ぶときは、大西洋を通ります。南シナ海を通る必要はないわけです。更にシェール革命によって、アメリカ国内で石油も天然ガスも自給できるようになっています。こうなると、南シナ海を通るシーレーンなどに、アメリカは金を出す必要はないと考えるかもしれません。そうすると、シーレーンをアメリカに守ってほしかったら、そのシーレーンの恩恵にあずかっている国に、費用を負担しろと言ってくることになるのではないでしょうか。いや、ひょっとするとトランプであれば、もうそんなものは要らない、アメリカはシーレーンを守らないと言い出すかもしれません。そんなことになれば、中国は大喜びでしょう。今後どんどこの海域を自分たちの力で押さえ込むような動きを、中国がとってくる可能性があります。

中国にゆさぶりをかけるトランプの外交

トランプは選挙中、中国が為替操作をして人民元を不当に安くすることで有利な貿易を続けていると主張していました。そしてこれを是正させる方針など、就任してから実行することをまとめた「一〇〇日行動計画」を発表します。「一〇〇日行動計画」には、中国の為替操作国指定の実行をはじめ、TPP撤退、NAFTA（北米自由貿易協定）の再交渉もしくは脱退などが盛り込まれていました。トランプは当選後、この「一〇〇日行動計画」を、改めて確実に実行すると打ち出します。

アメリカのTPP離脱は、中国にとっては好意的に受け取れる政策だと前項で触れました。しかし為替操作については、中国がアメリカへの輸出を有利に進めようとするため、不当にアメリカの為替相場に介入して通貨を操作する国だとアメリカが指定すると、二国間の協議が実施され、交渉が始まります。一方でTPP離脱という中国にとって有利な政策、もう一方では、中国にとっては不利な政策。やはりビジネスマンのトランプは、大好きなディール（取引）をするために、中国に対してかけひきをしているのかもしれません。

その後もトランプの中国とのかけひきは続きます。

トランプは、二〇一六年の一二月に台湾の蔡英文総統と電話で会談します。これにはさすがの中国も驚いたようです。トランプと蔡英文が協議をする直前に、アメリカのヘンリー・キッシンジャー元国務長官が中国で習近平国家主席と会談をしているからです。習近平は、トランプが選挙中に中国批判をしていたことを意識して、中国とアメリカとの今後の関係の安定的継続を話題にしています。それにもかかわらず、このタイミングでトランプが「一つの中国」政策をゆさぶってくるとは、思いもしなかったでしょう。この「一つの中国」とは、中国が台湾などと分かれた国家ではなく、一つのものだという中国の主張です。アメリカは、一九七九年に台湾と国交を断ち、中国と国交を結びました。それ以降、「一つの中国」政策を外交上は認めているわけです。

そのアメリカの政策を無視し、トランプは、蔡英文と電話で会談し、その後、FOXニュースの取材に、「なぜ『一つの中国』政策に縛られるのか」とコメントしています。トランプは選挙中から中国の安価な製品がアメリカの雇用や工場を奪っていると言っていましたから、ここで為替操作国家の指定をし、中国の人民元安をゆさぶり、更には貿易協議を行い、もしそれがうまくいかなければ、台湾との関係を強化するといったかけひきに出ているのです。一応、マイク・ペンス副大統領は、アメリカの中国政策に変更はないとフォローしていますが、中国としては、トランプとアメリカに「強い懸念」を表明しています。ただ、これまでの中国であれば、かなり強い抗議をしていたでしょうが、抑制的な対応をしています。為替操作や貿易についてのトランプの対中国政策がはっきりと動き始めていない現状では、トランプのゆさぶりに過剰な反応をせず、今後の出方を警戒しながら対抗策を練るのが得策と考えているのです。

トランプは、習近平と一九八五年以来の親交があるアイオワ州知事テリー・ブランスタッドを駐中国大使に指名するなど、交渉の窓口は用意しています。ただ一方で、国家通商会議（NTC）という組織をホワイトハウスに新設しました。このNTCは、要するにアメリカの貿易を守るために、世界に対して強硬な態度をとることを推進していく組織と言っていいでしょう。TPP脱退をはじめ、中国の為替問題や輸出品のダンピングに対して具体的な政策に取り組むと考えられます。そのトップは、対中国強硬派のピーター・ナバロです。ナバロは、自由貿易に懐疑的な経済学者でカリフォルニア大学の教授でした。そのナバロが、自由貿易を党の基本的政策とする共和党とのバランスをどのようにとっていくのかが注目されます。更に「一つの中国」を認めてきたこれまでのアメリカの政策から逸脱しようとするトランプの言動に、共和党は戸惑っているはずです。ここにもトランプと共和党との不協和音を生みそうな問題が出てきています。

トランプ流の交渉術

トランプが、政治経験がないとはいえ、既に選挙戦をくぐり抜けた政治家だと先に言いましたが、やはり彼の手法を見ていると、ビジネスの世界でずっと生き抜いてきた、根っからのビジネスマンです。しかしこうなってくると、中国との関係では、ディール（取引）というトランプの考え方が今後どれほど通用するのかとも思います。

大統領選挙でも、トランプは自分が困るような質問に対して当意即妙に切り返したり、あるいは話をずらしたりしてピンチを乗り越えてきました。あの能力を考えると、状況を見ながら、相手とのやりとりをすることに関しては得意なようです。ですから、台湾の蔡英文総統との電話は、当初、トランプはこれまでのアメリカの外交政策を全く理解していない、とんでもないことをするなと思ったのですが、わかってやっているのかなとも思い始めました。こうやって人を煙にまくのが、トランプの交渉方法の特徴のようです。

「一つの中国」が、アメリカの政治の世界において、多くの人が当たり前だと思っているところに、「いや、そうではない」と言うことは、中国に対するとても強いゆさぶりになります。アメリカの政界の中国に対する認識が変わる可能性が出てくるわけですから。そしてトランプは、そうやって中国に吹っかけておいて、「一つの中国」と認めてほしければ、もっと貿易や為替について、こちらの言い分をのめと言い出すかもしれません。とにかく取引。トランプはビジネスの局面と同じように、中国とディール（取引）をしようとしているのでしょう。

目が離せなくなる米中関係

先に触れた、実務を担当していく国家通商会議（ＮＴＣ）の委員長になるピーター・ナバロの中国に対しての認識は、輸出品に違法な補助金を払い、為替レートを操作し、貿易相手国の知的財産を盗んでいるというものです。だから、そういうずるいことをする国からの輸入に関しては、アメリカの製造業を守るために高関税をかける。それは保護主義ではなく防衛なのだと。ナバロは、中国の南シナ海の人工島の軍事拠点化にも反対しています。ＮＴＣは安全保障政策もトランプ大統領に助言する予定になっていますから、今後は、対中国に対してトランプ政権が強い姿勢で打ち出すことを改めて表明する人事と考えられます。ただ、貿易問題一つを取り上げても、中国との関係が、トランプのディール（取引）の手法だけで簡単にいくでしょうか。

アメリカ経済は今、相当中国に依存しています。例えばトランプを支持した、アメリカの一般国民は、安い中国製品を買うことでかろうじて生活が成り立っているのです。中国から入ってくる輸入品に高い関税をかけることになると、中国製品の値段が急激に高くなるということですから、貧困層は生活が一段と苦しくなります。トランプが選挙中に「中国がアメリカの雇用と工場を奪っている。中国製品に関税をかけるぞ！」と言うと、支持者たちは、拍手をしていたわけですが、実際にそうなったとき、自分たちの生活がどうなるかということを考えずに喝采していたのでしょう。これが現実化した場合、アメリカ国内がどうなり、トランプを支持した人たちはどうするのでしょうか。トランプは支持を失うことにもつながりかねません。

中国もアメリカに対する報復措置をとってくるはずです。既に南シナ海の公海で、中国はアメリカ軍の無人水中探査機を奪いました。これはトランプに対する中国側の挑発だと考えられます。しかし公海での行為ですから、国際法上は違反しています。トランプは、水中探査機を「いらないと中国に言うべき」などとコメントしていましたが、結局返還されました。

今後はこのように、政治、軍事、経済面それぞれの位相で様々な対立がアメリカと中国の間で生まれ、米中関係が冷え込むことになるかもしれません。もしそうなると、経済面では、中国はアメリカの国債や企業の株を大量に保有しています。また中国にアメリカ企業も進出していますから、中国はそれを利用して何らかの制裁策をとってくることも考えられます。具体的な中国の出方はまだ不確かですが、そのとき、トランプはどうするのでしょうか。これからの米中関係は本当に目が離せない状況になっています。

世界平和より自国の経済を優先

ここでは、世界の動きとトランプ大統領誕生の関係を見ていくことで、今後起こり得るアメリカの反グローバル社会と世界の現状を考えていきます。

通信や交通機関が高速化した現代において、グローバル化は当然のこととされてきました。ところが、そのグローバル化によって人や情報やものの移動が容易になった一方で、移民や難民の問題が起こるようになります。

ヨーロッパではイギリスがEUからの離脱を決めるという事態になりました。更にはEU各国でもナショナリズムを掲げた政党が勢力を伸ばし、国民の目を内側に向けさせようとしています。

そこに「他の国のことよりアメリカを優先する」トランプ大統領の出現。これによって反グローバリズムの波が、更に世界に広がっていくのです。

孤立主義的な伝統を持つアメリカですが、それでも現在の繁栄を維持するには、世界の安定は必要なはずです。にもかかわらず、アメリカが世界の警察官を辞めるというような内容の発言を繰り返すトランプが、なぜアメリカ国内でも支持されるのでしょうか。

例えば、現在の世界の経済状況によって恩恵を受けている白人の高所得者たちが、トランプへの投票の割合が高かったという調査結果があります。トランプの考え方で政策が実行され、世界の秩序が不安定になれば、経済状況も悪化するかもしれません。なのに、彼らの多くはどうしてトランプへ投票したのでしょう。答えは簡単です。

やはり自国のこと、アメリカの自分たちのことだけ考えていればいいという思いが当然あります。ただ、それは彼らだけがそうであるということではなく、どの国でも自国中心でものごとを進めたいという考え方は変わらないのです。

しかもトランプは、あらゆる階層に対して減税をすると言ってきました。しかしヒラリー・クリントンは、低所得者には減税、高所得者には増税と言っていました。この発言だけでも高所得者にとって、トランプのほうがいいということになります。トランプへの高所得者層の支持の理由は、とても単純です。逆に低所得者たちも、トランプがあらゆる世帯を対象に減税をするというと喜ぶわけですが、そもそも貧しい人たちはあまり税金を払っていないわけで、恩恵はほとんどないのです。高所得者であればあるほど納める税金が少なくなるわけですから、更に格差が広がっていく方法なのです。

また、二〇〇八年のリーマン・ショックの後、アメリカでは金融に対する規制がたいへん厳しくなりました。一九二九年のニューヨーク証券取引所の株価の大暴落に端を発した世界大恐慌の後、証券と金融の間に垣根をつくるグラス・スティーガル法が一九三三年にできます。この法律があったことで、金融の新たな危機は起こらずに済んでいたのです。

ところが一九九九年にその法律が廃止され、様々な金融機関が自由に取引できるようになりました。その結果、リーマン・ブラザーズのような投資銀行がかなり無茶なビジネスをしたため、リーマン・ショックが起こります。その反省から、オバマ政権下で、また金融取引に対する規制が厳しくなったのです。

この状況に対してウォール・ストリートの金融業界や投資家たちは、不満を持っていました。それをトランプが、そんな規制はやめるべきだと言っているわけですから、また自由に金儲けができる絶好のチャンスだという期待が高まっています。

トランプ政権の人事については、第2章で触れましたが、ウォール・ストリート出身の人材が多いことも、経済界にとって都合がよい金融政策がとられるであろうという認識の背景になっています。

トランプが大統領に決まりそうだということで最初は株価の暴落が起こりましたが、その後、株価はどんどん上がりました。トランプの主張が実行されてアメリカの金融の規制緩和や法人税の引き下げが進むことへの期待感からです。金融関連をはじめ、トランプがインフラなどの整備による雇用を増やすことを目指しているので、建設関連などの株価が上昇しました。また所得税の減税が実施されれば、富裕層に有利となるため、高級品を扱っている企業の株なども上がっています。アメリカの株価上昇につられて日経平均株価も上がりました。

そしてドル高、円安が進みました。日本の輸出産業にとっては有利な状況です。この円安傾向は、トランプが赤字国債を大量に発行してインフラなどの公共事業を拡大することでアメリカが好況を迎え、経済が強くなるのではないかという希望的な予測にもとづいています。今のドル高の状況は、世界中からアメリカにお金が集まるようになってきていることを示しています。それだけトランプの金融や経済政策に期待を持っている人が多いのです。

しかしながらトランプは、ドル安にして輸出を増やしていくことで、強いアメリカを取り戻そうと考えていますから、二〇一七年になると、「ドルが高過ぎる」と言い出しています。長期的に見ていくと、トランプは保護貿易の政策をとり、アメリカの国力を強めるためにはあえてドルを安くするという方針をとってくる可能性が高いと言えるでしょう。アメリカからの輸出を活発にして国内の製造業をもり立てるためです。その場合、円高になり、日本の経済は大きくその影響を受けるでしょう。

世界平和や世界情勢に対する考えより自国の経済が重要だという考え方は、何もアメリカに限ったことではありませんし、今に始まったことでもありません。常に選挙では安全保障の問題より自分たちの国の経済のことが優先されます。これはどこの国でも同じことですし、日本の政治を見てみれば、よくわかるのではないでしょうか。

世界に広がる内向きな姿勢

トランプによって浮き彫りにされた「アメリカ・ファースト＝アメリカ第一主義」は、アメリカさえよければいいという内向きの姿勢であり、保護主義的な傾向です。ただ、この内向きの傾向は、ヨーロッパ各地にも広がっています。いまや世界中を覆っている潮流なのです。

その一つと言える大きな出来事が、二〇一六年に起こったブレグジット（Brexit）です。イギリス（Britain）が、EU（欧州連合）から離脱（Exit）する。略してブレグジットとなります。

そもそもEUというのは、第二次世界大戦後、ヨーロッパから戦争をなくそうと、その理想のもとに始まった動きが現実化した結果です。戦争をなくすには、まず国境をなくしてしまえばいいという発想がありました。国境がなくなれば、人の行き来が自由になり、そもそも戦争などできなくなるのではないかという考えからEUは生まれたのです。一九五二年に、最初はエネルギー問題の融和を図るべく、欧州石炭鉄鋼共同体（ＥＣＳＣ）が設立されたときは、まだ東西冷戦のさ中でしたから、西ヨーロッパの資本主義経済が発達した民主主義の国だけでその考えを共有して、徐々に実現化に向けて動いていくという状況でした。そして一九五七年にＥＥＣ（欧州経済共同体）、一九六七年にＥＣ（欧州共同体）、一九九三年にＥＵへと進展してきたのでした。

ところがＥＵへと移行していく過渡期の一九八九年に東西冷戦が終わります。東ヨーロッパの国々は、みんな資本主義体制に変わっていきます。そして、「われわれもヨーロッパの一員なのだから、ＥＵに加盟させてくれ」と言ってきます。ＥＵには、ヨーロッパは一つという理想がある以上、経済力が弱くても、加盟を認めざるを得ませんでした。そのため、東ヨーロッパの国々がＥＵへとどんどん入ってきたわけです。

一方、当時のＥＵの政治家や経済界にしてみると、東ヨーロッパの国の人々を取り込めば、社会主義体制のもとで、教育レベルは高かったため、彼らの識字率は高く、非常に良質な労働力を低賃金で雇うことができると考えます。これは当時のＥＵ諸国、特にドイツやフランスにとっては、大きなメリットでした。そのため東ヨーロッパの国々を喜んで迎え入れようではないかということになり、EUの範囲が広がっていったわけです。この移民の流れもグローバル化を進めました。

東西冷戦が終わる前の頃までは、当時のヨーロッパの西側諸国にはそれなりの経済力があり、極端な低賃金労働者がいませんでした。その中では相対的にスペインとポルトガルの人件費が安かったので、ここに工場が進出しましたが、全体の中では容認できる範囲の格差だったのです。

ところが、そこにチェコやスロバキアはまだしも、ポーランドやハンガリー、更にルーマニアやブルガリアという極端な低賃金の労働力が大量に旧西側の国に入ってきて、イギリスにまで渡っていくことになります。イギリスには、失業してもきちんとした失業保険制度があり、医療費もかかりません。それはいいところだと、多くの移民が流れ込んできたのです。しかし、大量の移民すべてが職に就けるわけではなく、その一方でイギリス人の失業率は上がり、彼らに対する反発は大きくなっていきます。これが今、イギリスだけでなく先進EU諸国で起こっている問題です。

製造業より情報やサービスを扱うような仕事のほうが増加していく先進諸国の

産業構造の変化の中で、仕事を失ったり、先行きに対する漠然とした不安を抱いていたりする人が増え始めていた西側ヨーロッパ諸国に、移民が押し寄せる。そして中東からの難民の問題も重なり、グローバル化に反発する人たちも徐々に増えてきました。

では、どうしたらいいか。移民を排除したほうがいい、移民が入ってこないようにすればいいと考える人たちが生まれてきました。それが、ＥＵから離脱すればいいという発想につながります。国から国への移動が自由であるために、移民や難民の受け入れの問題が大きくなり、混乱が生じていると考えたからです。イギリスでは国民投票が行われ、その結果、ＥＵからの離脱を選択しました。

イギリスのＥＵ離脱とトランプ勝利をつなぐもの

イギリスの離脱への流れとトランプの勝利には、似たような要因があり、似たような有権者の意識があります。その意識の第一が、保護主義的な考えです。これは自分たちの国を優先するということで、そこから孤立主義的な決断をするようになっていきます。まさにトランプの発言に出てくる、アメリカ・ファースト＝アメリカ第一主義です。

イギリスの今回の選択も、移民や難民より、自国民の生活を優先すべきという考え方から発生していますし、トランプを選んだ有権者たちも、アメリカのことを優先しようというトランプを支持した。そういう流れをつくった要因の一つが、グローバル化と、それに対する反発です。

どうせイギリスはEUから離脱するはずがない、そういう保護主義的な孤立主義に向かうような選択をするはずはないと、離脱に反対する人たちが油断をしていたことも、今回の結果を生んだ理由の一つに挙げられます。そのため、離脱反対派の中には、選挙に行かなかった人たちも多くいたようです。その結果、離脱を選ぶ得票のほうが上回ったというわけです。

また、EUから離脱すべきではないし、離脱が選ばれるわけはないが、でも離脱が選択されるはずがないからこそ、EUに加盟してイギリスが不利益をこうむっていることについては異議申し立ての表明をしたいという意味で、離脱に賛成の票を投じようと投票した人たちもいたようです。彼らは、EU離脱という結果に後悔しています。これをイギリス（Britain）と、後悔する（Regret）を組み合わせたブレグレット（Bregret）と呼ぶ言い方も登場しました。もう一度国民投票をやり直すべきだと言う人も出ましたが、後の祭りです。

今回、アメリカでも選挙の終盤になって、ヒラリーとトランプの支持率が拮抗していると報じられると、ヒラリー陣営が民主党の支持者のところへ行き、「イギリスの例があるだろう。どうせＥＵから離脱しないと思っていたら離脱することが決まってしまった。どうせヒラリーが勝つと思って油断して投票に行かないと、トランプが大統領になってしまう」と投票を訴えた例もあったようですが、支持者たちの反応は鈍かったようです。イギリスはあくまでもイギリス。まさかトランプのような人間を冷静なアメリカ人が当選させるわけがないと、たかをくくっていた人が多くいたのです。選挙に行かなかった人たちは、おそらくとても後悔していることでしょう。

ヨーロッパで勢いを増すＥＵ離脱への波

グローバル化に対する反グローバル化の流れの端緒はヨーロッパにあり、まずはイギリスでEU離脱という大きな政治的、社会的な変化を生み、世界を驚かせました。そして次は、アメリカでもトランプ大統領の誕生という大きな動きが出ました。これからまたヨーロッパで予想もつかないような変化がいろいろと起こってくるかもしれません。

二〇一七年は、フランスの大統領選挙が控えています。フランスの極右政党「国民戦線」の党首であるマリーヌ・ルペンがアメリカの大統領選挙の結果を受け、すぐに緊急記者会見を開いて、トランプの勝利を歓迎すると述べました。ルペンは、それぞれの国が自分たちのことを考える、それは当然だろうと言っています。要は、トランプの考え方は当たり前であり、それを支持するし、自分たちもフランスにおいてそのような振る舞いを続け、有権者に支持を訴えるということです。ルペンは、大統領選挙にも立候補する予定で、フランスがEUから離脱すべきだと主張し、そのための国民投票をすべきだと発言しています。その主張を支持する人もいて、ルペンの支持率は上昇しています。

フランスは、風刺画を売り物にしていた週刊新聞シャルリー・エブドへの二〇一五年一月の襲撃事件、同年一一月のパリ同時多発テロ以降、テロ事件が続き、移民や難民の受け入れをめぐって様々な意見が交錯しています。そういう状況の中で、アメリカで自国中心主義を掲げたトランプが大統領に選ばれたことが、どんな影響を及ぼし、それがフランス大統領選挙の展開にどう関係するのか、注目されています。

またドイツでも二〇一七年は、九月に連邦議会の選挙が行われます。アンゲラ・メルケル首相は、移民だけでなく、シリア情勢の悪化で劇的に増加した多くの難民を受け入れてきました。しかし難民に寛容だったドイツの世論も難民申請者による事件が起こったりすることで硬化したり、反発したりする人たちが増えてきています。

二〇一三年に結成された政党「ドイツのための選択肢」は、二〇一六年九月の州議会選挙では、反難民を掲げて議席を獲得するまでになっています。この「ドイツのための選択肢」は、結成されたときは、ギリシア危機へのドイツの金融支援に反対し、ＥＵ離脱を主張していました。彼らは二〇一七年の選挙でどのくらい議席を伸ばすでしょうか。もし支持が広がり、高い得票率を獲得すれば、ドイツでもＥＵ

からの離脱が問われるような事態が起こり得るのかもしれません。

イタリアでも二〇一六年、ローマ市長に当選したビルジニア・ラッジは、「五つ星運動」という政党に所属しています。五つ星運動は、ＥＵからの離脱を訴えている政党です。このように今、ヨーロッパの中でもＥＵから離脱しようという内向きの動きが広がっているのです。イギリスのＥＵ離脱、そして今回のアメリカのトランプ大統領誕生が、これからどんな影響をそれぞれの国に与えるのでしょうか。

余談ですが、国民戦線の党首のマリーヌ・ルペン、ドイツのための選択肢の党首のフラウケ・ペトリー、そしてローマ市長になったビルジニア・ラッジ、三人とも女性です。今回アメリカでは、初の女性大統領誕生とはなりませんでしたが、ドイツのメルケル首相やイギリスのテリーザ・メイ首相をはじめ、世界では女性のリーダーが当たり前になりつつあるようです。

世界に争いが広がっていくのか

世界中のどの国も基本的には自分の国の利益を最優先に考えて行動しているわ

けですが、トランプのような自国中心的な主張が実現化して度を超えるようになってくると、各国間の争いを生むのではないか、という不安を抱いている人たちもいるでしょう。しかしこれが戦争につながっていくかどうかというと、予想がつきません。

例えば二〇一〇年にチュニジアで始まり、その後、アラブ世界に広がった、独裁者や既成政権に対するデモや民主化運動は、「アラブの春」と呼ばれました。このアラブの春が国を越え広がっていったのは、グローバル化によって情報の拡散や人の行き来が可能になったことが要因の一つに挙げられるでしょう。

今もヨーロッパの社会や政治状況を揺るがす大きな問題になっているシリアからのヨーロッパへの難民の増加は、このアラブの春によって二〇一一年以降、シリアが内戦になったために起こったことです。

東西冷戦時代は、それほど大規模な戦争は起こりませんでした。アメリカとソ連という二大国がにらみ合いながら均衡を保っていたため、その二大国の代理戦争の形で、各地で争いは起こっていましたが、世界規模の戦争にまでは発展しませんでした。ところが冷戦終結以降は、二大国の一方であったソ連の崩壊によって世界のバランスが変化し、ソ連の政治的、軍事的な力で押さえ込まれていた地域間の関係も崩れ、紛争が多くなります。

その各地で勃発する地域紛争を抑えようと軍事的介入を続けてきた先進国の中心が、アメリカです。今後、アメリカが世界の警察官を辞め、他の国も自分の国さえよければいいと内向きになり、反グローバリズムの動きが強まると、とても逆説的ですが、戦争は少なくなるのかもしれません。

あるいは、アメリカという世界の警察官がいなくなりますから、その地域でうんと強い力を持っている国がにらみをきかせ、周りの国はそれに従うという構図になるかもしれません。従うということは、抵抗しないわけですから、戦争にはならない。そういう時代が来つつあるとも考えられます。

求められる新しい時代の第三の道

グローバル化が進んだことによっていい面もありましたが、人や物の移動の範囲や量が拡大することで、経済的な新しい問題も生まれてきました。先進国では、低賃金の労働者が流入することで、職を失う人たちも出てきました。また、海外から低価格の商品が入ってくるということは、消費者の立場からすればいいことなのですが、国内産業においては安価な商品によって売れ行きが伸び悩み、業績が悪化する企業もあります。企業によっては、安価な商品を調達するために、生産拠点を国外に移すところも出てきますから、その結果、国内の労働者が仕事を失うことになります。そういう問題に対する異議申し立てとして反グローバリズムの考えや動きが強まってきているのです。

グローバリズムは様々な問題を引き起こした。だから反グローバリズムが広がりましたが、では、グローバリズムは否定すべきものでしょうか。それほど簡単なものではないでしょう。グローバリズムの進展により生じる副作用を何としても押さえ込む、そんな第三の道があるべきだと思います。アメリカ大統領選挙でヒラリー・クリントンと民主党の候補者争いをしたバーニー・サンダースは、第三の道を志向していたのかもしれないのですが、具体的な方策は見えないままでした。

かつて資本主義に対するアンチとして社会主義が生まれました。けれど結局、社会主義はうまくいきませんでした。そしてアメリカ式のむき出しの資本主義ではなく、あるいはソ連や中国のような社会主義でもない第三の道としての社会民主主義という形で、北欧諸国が資本主義の経済体制をとりつつ、社会主義的な大きな政府で社会保障は充実させ、民主主義を確保しています。これが第三の道と考えられてきました。

ところが今、その北欧諸国にも移民が入ってきて、更には難民の増加も伴い、社会保障がただ乗りされているという不満が高まってきています。ですから北欧でも反移民を掲げる政党が選挙で議席数を伸ばすような状況になっています。

また北欧に限らず、ヨーロッパ各国では、移民、難民の増加によって、右派の政治家や政党が勢力を増しています。ハンガリーでは二〇一六年一〇月、EUによる難民受け入れの分担に対する国民投票が行われ、反対が九八%を占めました。しかし投票率が四三%で過半数に達しなかったため、その結果は不成立となりました。オーストリアの二〇一六年の大統領選挙でも、難民受け入れ容認派のファン・デア・ベレンが、難民受け入れの厳格化を主張している極右政党・自由党の候補であるノルベルト・ホーファーにわずかな差で勝利するような有り様でした。

こう見てくると、自国中心の考え方がアメリカだけで強くなっているためにトランプが大統領になったわけではないことがわかってきます。世界中で内向きの考え方が強まってきているのです。

トランプ大統領誕生で驚いた人たちは、それぞれ自分たちの国を振り返ってみたとき、トランプ的なものが自国でも勢いを増していることに気づいたのではないでしょうか。だからこそ、今後の世界がどうなっていくかと不安を抱く人たちも増えているのです。これから新しい時代の第三の道を、世界中のいろいろな国や政治家が模索をしていくことになるでしょう。

アメリカ大統領選挙への日本の外務省の甘い見込み

日本の外務省は、大統領選挙の終盤、民主党のヒラリー・クリントン候補で大統領は決まりだろうと考えていました。ですからクリントンとの人脈をつくろうと、彼女の関係者たちと連絡をとりながら準備を進めていました。ところが、トランプの支持率が選挙戦に入っても意外に落ちません。

クリントン大統領を想定するのがAプランなら、トランプが当選した場合のBプランも準備はされていました。もしもの場合に備えて、トランプとの人脈づくりを始めようということになったのです。ところが、トランプのブレーンと言われる人たちの名前が出てきても、日本の外務省では、誰も相手のことを知りません。そうこうして必死に人脈づくりをしようとしている間に、トランプが当選してしまいました。結局、準備が間に合わなかったということです。ですが、これは実は世界中どこの国の外務関係者も同じような状況でした。トランプの関係者たちがどういう人たちかがわかっていて、彼らとコネクションを持っている国など、どこにもなかったのです。

クリントン候補が大統領になるだろうという外務省の認識があったからでしょう。安倍晋三総理は、大統領選挙戦真っ最中の二〇一六年九月にアメリカを訪れ、ヒラリー・クリントンと会談しています。

他の国の総理大臣が、大統領選挙期間中に有力候補者の一人に会うということは、「あなたが大統領になると私は確信しています」というメッセージのようなものです。その候補者に対してはたいへん印象がよくなる行動ですが、対立候補側にしてみれば、気分のいいことではありません。そういうリスクを冒してでも会いに行ったということは、よほどヒラリー・クリントンの当選を確信し、好印象を与えたかったのでしょう。

ところがふたを開けてみれば、クリントンではなくトランプの当選。安倍総理も外務省もそうとう焦ったはずです。なんとかトランプに電話をつなげ、当選の祝意を述べました。そして更には、ペルーでのＡＰＥＣ首脳会議に向かう途中でアメリカに立ち寄り、ニューヨークのトランプタワーで、次期大統領との非公式会談を行いました。一時間余りの会談の後、「まさに信頼できる指導者だと確信した」と安倍総理は語り、トランプを持ち上げています。

同盟ではなく、取引という考え方で進められる日米関係

安倍総理が焦ってすぐに次期大統領のトランプに会いにいったのは、日米同盟を最も重要な関係と日本が捉えていることの表明ですが、トランプ政権のほうは、アメリカと日本との関係をどのように捉え、今後どうしようと考えているのでしょうか。

まず、第二次世界大戦後、アメリカが日本に対してどんな政策をとったか、簡単に押さえておきましょう。ＧＨＱ（連合国軍最高司令官総司令部）は、アメリカの軍人であるダグラス・マッカーサーを最高司令官に置いて日本の占領政策を実行していきます。連合国軍と言いながら、日本の占領政策の中心にはアメリカがいました。その最高責任者であったマッカーサーは、日本を二度とアメリカに立ち向かうことのできない国にしようとします。つまり、二度と戦争のできない国にしようとしたわけです。そこで、新しい憲法をつくらせ、戦争放棄を盛り込んだ憲法ができ上がりました。

しかし、東西冷戦が激化して、一九五〇年に朝鮮戦争が始まって以降、アメリカは方針を変えます。ソ連を中心とした東側のグループから西側のアメリカ・グループを守る。そのために東アジアの最先端にある西側グループの日本の存在が重要になります。そこで軍事力を放棄したはずの日本で警察予備隊が結成され、後に自衛隊へと発展していきます。対外的には、日米同盟を強化することで東アジアにおけるアメリカの覇権が維持できるような政策をとってきました。

アメリカは第二次世界大戦後、世界の中のアメリカということをずっと意識してきました。つまり、アメリカは世界の中でどう振る舞うべきかを考えて政策を決めてきたということです。ですから、アメリカも日米同盟は大切だと言ってきましたし、日本ももちろん何かあればアメリカに助けてもらおうという意識がありました。ところが、トランプという人は、世界の中でのアメリカなどということを考えていないのです。

トランプはディール（取引）が好きだと言っていることを、ここまで度々触れてきました。トランプの選挙中の日米関係に関する発言を聞いていると、彼は、日米同盟という考え方ではなく、アメリカと日本との関係で、アメリカにとって有利な取引とは何だろうか。そういうふうに考えていると捉えられます。日米同盟を強固にし、東アジアの情勢を安定させるといった、これまでのアメリカの政策ではなく、アメリカ軍を日本に置いておくのであれば、日本はアメリカ軍を維持するためにどれだけの金を出してくれるんだという取引を、トランプは考えているのでしょう。日米同盟の維持ではなく、アメリカにとっての有利な取引はどういうものか。あくまでトランプの考え方の中心にあるのは、取引です。自分がビジネスの世界でここまでやってこられたのは取引で成功してきたからであって、トランプは、その点に絶大な自信を持っているのです。

日本の憲法九条改定への圧力もあり得る

トランプが、大統領選挙の最中に有権者たちに向けてよく言っていたのは、こんなことです。「日本にはアメリカ軍がいて、日本がもしよその国から攻撃されたらアメリカが守ってやることになっている。だがもしアメリカがどこかから攻撃されたとき、日本は助けに来ないんだ。こんな不公平なことでいいのか？」。そう言うと、支持者たちは、日本に対するブーイングの声を上げます。おそらくアメリカの国民の多くは、日米安全保障条約の内容など知らないでしょう。トランプも「こんな不公平なことでいいのか？」という考え方を持っているのです。

トランプは、アメリカ軍が日本に駐留して日本を他国の脅威から守ってやっているわけだから、更に費用を負担しろと言ってくるでしょう。一方、駐留費用の負担はそのままにして、トランプが思うような公平な内容にするために、日米安全保障条約の見直しを迫ってくることも考えられます。

つまり、「日本が他国の攻撃を受けたとき、アメリカが助けに行かなくてはならないという約束ならば、アメリカが他国に攻撃されたときには、日本が助けに来る」という内容にするということです。歴史や過去の外交経緯はトランプにとっては問題ではなく、目に見える現状だけを公平に考えるということです。

日本は憲法九条によって武力の行使が禁じられていて、自国の防衛以外に武力行使はできないとされてきました。しかし、二〇一四年七月、安倍政権のもとで、憲法九条の解釈を変更して、集団的自衛権の行使を容認するという閣議決定がなされました。これは、日本が他国に直接攻撃されていなくても、密接な関係にある国を助ける目的で武力を行使できるというものです。これにより、南スーダンでPKO活動（国連平和維持活動）をしている陸上自衛隊の部隊も、他国の軍が攻撃された場合に助けに行くことができる、「駆けつけ警護」が可能になりました。

しかし、アメリカが他国の攻撃を受けたときに、全面的軍事支援をするとなれば、これは現在の日本の憲法では許されていません。トランプの望む「公平」にするためには、憲法第九条の解釈ではなく、憲法そのものを変える必要があり、それを迫ってくる可能性もあるのです。安倍政権は憲法を変えることに意欲的ですが、トランプの言いなりになったとなると、国内の反発も大きいでしょうし、政権の存続にも関わってくることになります。

その一方で、駐留費や日米安保を現状で維持するならば、アメリカからもっと武器を買うべきだ、とトランプが言い出すことも十分に考えられます。日本の防衛費がGDP（国内総生産）の一パーセントを超えないというのはナンセンスだ。もっと防衛費を増やしてアメリカから武器や自衛隊の装備を輸入しろ、ということです。

「在日米軍の駐留費」、「沖縄の米軍基地移転問題」、「憲法第九条」といった、これまで日米や日本国内で長い時間をかけて議論され、それでも解決を見ていない問題さえ、ビジネスマン・トランプにかかれば、「アメリカからの武器購入」という材料と取引に掛けられることさえあるということです。

政権発足後の二〇一七年二月、ジェームズ・マティス国防長官が日本を訪問し、安倍首相と会談しました。国防長官が就任後、これほど早く外国訪問をするのは異例のことです。日本国内で、トランプ政権によって方針がどう変わるのか心配している人が多いことに配慮したためです。

会談でマティス国防長官は、東シナ海の尖閣諸島が日米安保条約の適用下にあることを明言しました。つまり、もし中国が尖閣諸島に触手を伸ばすようなことがあれば、米軍は自衛隊に協力して防衛に乗り出すと保証したのです。安倍政権には一安心でした。

また、米軍の駐留経費負担について、新たな要求は出なかったとされています。マティス国防長官は、とりあえず日米同盟に変化はないと言いに来たのです。

ただしトランプ政権は、トランプ大統領と他の長官たちとの間で意見や方針が食い違うことがしばしば起きています。マティス国防長官の「保証」があっても、トランプ政権への不信感は完全に払拭されたわけではありません。

駐日アメリカ軍はどうなるのか

前の章に引き続き、安全保障の問題について考えてみます。

二〇一六年の一二月一三日、沖縄でアメリカ軍の垂直離着陸輸送機オスプレイが「不時着」しました。この「不時着」には、「いや、あれは墜落だ」という議論もある中で、その翌日、記者会見をした在沖縄アメリカ軍のトップであるローレンス・ニコルソン四軍調整官が、沖縄の人たちに謝罪もなく、「住民や住宅に被害を与えなかったパイロットに対して感謝すべきだ」とコメントしました。

ちなみに「四軍」というのは、陸軍、海軍、空軍、海兵隊の四つの軍隊のことです。

この態度を見て、トップである大統領が代わるとなると、軍にもたちまち変化が起こるのだなと思いました。本来であれば、記者会見の前にどういうコメントを出すべきかというやり取りが、政府や軍内部であるはずで、住民の反対意見の強い沖縄での事故ならば、まずは謝罪からというのが考えられるシナリオです。ところが、実際にはあのような会見でした。

軍のモチベーションを下げないために、被害を最小限に食い止めたパイロットを褒めることはあるとしても、それは内部ですべきことです。軍の士気を低下させないための発言をそのまま外部に持ち出せば、どのような反応が起こるかを想像していなかったことがよくわかります。大統領が代わることが決まって、こうも早く変化が見られるのかと思ってしまったのです。

トランプは日本の防衛について、日本が今後もアメリカに守ってもらいたいのであれば、費用を更に負担するか、アメリカに何かあったときは、日本もアメリカ同様の義務を負うべきだ、という考え方でいると、先に述べました。トランプにとってみれば、ただ単に他の国を守るというのはアメリカに不利益な行為で、それを続けてほしいのであればアメリカにとってのメリットを示せということです。

現在トランプは、政権運営のための様々なことを勉強中のはずで、海外の米軍基地についても、どういう経緯でそこにあるのか、どういう役割をになっているのかを学んでいるはずです。

日本は、在日米軍の駐留経費の七四・五％を負担しています。しかしトランプは大統領選挙期間中に、アメリカの新聞記者に、「日本は、米軍の駐留経費の五割を負担しています」と、実際とは違う数値で指摘されます。アメリカの記者でさえ、正確な日本の負担率を知らず、このレベルの認識ですが、こう問われたとき、トランプは、「えっ？」という顔をして動揺しました。明らかに日本が駐留経費を負担していることを知らなかった気配です。その後、慌ててごまかすように「何で一〇〇％じゃないんだ」と言い出しました。

大統領になった今、トランプに対して国防総省が説明しているでしょう。アメリカ軍が駐留しているドイツや韓国と比べると、駐留経費の負担割合は、ドイツが三二・六％、韓国が四〇％と、日本が突出して高いのです。そのことくらいは理解してほしいのですが。日本の費用の中で大きいのは、やはり「思いやり予算」です。直接の駐留経費だけではなくて、思いやりという名目で、基地で働いている日本人従業員の給料や光熱費なども、全て日本側が負担しています。

トランプが「一〇〇％負担しないのなら撤退する」と言い出したとしても、日本からアメリカ軍を撤退させるほうが、かえって費用がかかるのです。例えば、沖縄のアメリカ軍基地を全部グアムに移すとなると、基地で働いている従業員を今度はアメリカ軍が雇用しなければならなくなります。光熱費の支払いも当然アメリカの負担です。今よりもはるかにアメリカ軍の費用は増えるはずなのです。

その一方、もし日本が駐留経費を一〇〇％負担するということになれば、駐留しているアメリカ軍兵士は日本の傭兵と考えることさえ可能になります。日本にとっては究極のアウトソーシングです。もちろん安全保障の問題ですから、そう簡単にはアウトソーシングするわけにも、できるわけもありませんが、日本としては、お金を払っている雇用主の言うことを聞くべきではないかといった言い方が、アメリカに対してできなくもありません。日米地位協定など認めないと言い出してもいいわけです。

国防総省の幹部は駐留費をはじめとして、この地域の安全保障の現状と問題点や意味を知っているわけですから、トランプにブリーフィングして説得するはずなのですが、どうもまだそこまでトランプの認識が追いついていないとも考えられます。地域の安定が経済的な利益につながっていくことはさすがのトランプも理解しているでしょうが、東アジアの具体的な状況を認識しているとは思えません。そんなトランプが今後、日本のアメリカ軍の駐留費用負担に関して、どんな損得勘定をして判断するのでしょうか。

日本の安全保障をどうやって考えていくか

アメリカ軍の駐日経費に関しては、現状の日本の高い負担割合を理解すれば、トランプもうるさくは言えないとも考えられます。それでも第3章で触れましたが、トランプが日本とのディール（取引）の材料として、南シナ海のシーレーンの防衛から手を引くと言い出す可能性もあるでしょう。

しかし、中国とのディールを有利な状態で進めようという思惑があってでしょうか、最近のトランプの中国との対決姿勢を見ていると、対中国対策のほうが重要で、そのためにはとりあえず日本との連携が必要だと判断しているように思えます。つまり、米軍が日本に駐留していることが中国をゆさぶる材料になるならば、日本が米軍の駐留費を一〇〇％負担しなくても利益を生むことができるのです。もちろん安全保障の問題を金銭面からだけ考えるのは、本来ナンセンスなのですが、トランプの考え方というのは、そういうものなのです。

駐留アメリカ軍の費用を一〇〇％負担しなければ日本から撤退するなどと言っ

ても、それは簡単なことではありませんし、現実的でもないでしょう。ただし、その代わりに、いろいろなことでもっと協力をしろ、もっと費用負担をしろと、トランプは求めてくるでしょう。

日本の集団的自衛権は、二〇一六年から限定的に行使できるようになり、今は南スーダンの駆けつけ警護が可能になりました。また、日本の周辺でアメリカ軍の軍艦が攻撃されれば、日本の自衛隊はそれを守ることもできるようになりました。その現状に関してもトランプはよく理解していないかもしれませんが、日本としては、トランプ発言に過剰に反応することなく、冷静にアメリカに説明していく必要があります。

トランプは大統領選挙中に、日本の安倍総理を「Killer」と表現しました。直訳するならば「殺す人、殺人者」となりますが、「Killer」には俗語として「驚異的な人」とか「強烈なもの」という意味があります。つまり、安倍総理は「驚異的なやり手」で、アメリカに打撃を与えた、という意味の発言でした。

円安の状況をつくりだし、中東からのシーレーンをアメリカに守ってもらい、その軍事費をたいして出すこともなく、石油を仕入れ経済成長して、今度は、メキシコから関税なしで日本メーカーの車をアメリカに売りつけ、更なる経済発展をしているといった認識をトランプは日本に対して持っているようです。しかしこの認識に限っては、あながち間違いとも言い切れません。第二次世界大戦後、当時の吉田茂首相がとった政治戦略がこのようなものなのです。吉田茂は、日米安全保障条約のもと、アメリカの軍事力に頼り、他国に比べ相対的に防衛費を抑えることで、経済発展を遂げようとしました。

例えば冷戦がまだ続いていた頃、西ドイツの軍事費はGDP比の三%ほどありました。日本は、三木武夫内閣で防衛費のGDP比一%が閣議決定され、その後、中曽根康弘内閣のときに一%を少し超えて大騒ぎになったことがあるだけで、ずっと一%のラインを守っています。ただ、見方を変えれば、GDPが増えれば防衛費を増やせるということでもあります。二〇一七年度の防衛費は約五兆円です。日本のGDPは五〇〇兆円ほどですから、やはり一%で済んでいるわけです。ちなみにドイツは現在、軍事費はGDP比で約一・二%になっています。NATO（北大西洋条約機構）は、ロシアのクリミア半島侵攻の問題もあってか、ドイツをはじめ加盟国の軍事費を、それぞれGDP比二%にすることを目標にしています。

日本は確かに他の国に比べ防衛費を抑制することができました。冷戦下、中国や北朝鮮、あるいはソ連がすぐ近くに存在している日本が、軍事費を抑えられていたのは、日米安保条約によってアメリカ軍が存在していたためです。そのことを指して「安保ただ乗り論」といった言われ方もしています。それが日本の平和路線であり、冷戦は終わったものの、今も中国や北朝鮮の軍事的脅威は存在していて、それでも防衛費のGDP比一％を継続していられるのは、未だアメリカ軍が駐留しているからです。

自分の国は自分で守れというトランプの次なる一手

このようにトランプの日本の安全保障に関する認識は偏っているところもあるものの、言い当てている部分もあります。ただし、歴史的に見ると、アメリカは第二次世界大戦後、日本とドイツ、イタリアが二度とアメリカに逆らわないよう、あるいは戦争をしないようにと、重しとしてアメリカ軍基地を各国に置きました。だから日本とドイツとイタリアには、巨大なアメリカ軍基地があり、それぞれと相互防衛協定を結び、何かあったときは、基本的にアメリカが守るからと、攻撃的な武器を持つことをさせませんでした。もし自国が攻められたら、それを守るための武器や装備は持ってもいいけれど、よその国に反撃するような武器は持ってはいけない。もしものことがあれば、アメリカが代わりに反撃するという取り決めにすれば、侵略行為はできなくなります。

日本に対しても、例えば北朝鮮からミサイルが飛んできた場合、それを防衛するために打ち落とすミサイルは持ってもいいけれど、北朝鮮に届くミサイルを日本が持つことは許されない。つまり二度と侵略国家にならないようにという政策をアメリカがとってきたわけです。トランプはそれを理解しているのか、していないのか、それとも、理解できていないのか。トランプが日本に対して、自分の国は自分で守れと言うのであれば、日本側としては、では、これから日本はアメリカと戦うことが可能なだけの軍事的装備を持った国になってもいいのですか、と交渉すれば、もう少し違った回答があるのかもしれません。

ですが、ここでもビジネスマンならではのトランプの発想が思い浮かんでしまいます。トランプは大統領専用の飛行機であるエアフォースワンの新型機にかかる費用が「制御不能」だと、航空機会社のボーイングへの発注キャンセルを表明しています。同じく、ロッキード・マーチン社に対しても、アメリカ国防総省が購入予定の新型のステルス戦闘機F35の価格が高過ぎると指摘しました。その後、ロッキード・マーチン社のマリリン・ヒューソンCEO（最高経営責任者）は、トランプと会談して、F35の値下げを約束しました。

このF35は、日本の航空自衛隊も購入しています。今後も継続的に購入して最終的には四二機を青森県の三沢基地で導入する予定になっています。トランプのF35の「計画も費用も制御不能」という発言を受けて、菅義偉官房長官は引き続き購入することを記者会見で発表しました。アメリカの大統領が、高過ぎるので今後の導入計画を見直すと言っていたアメリカの会社の戦闘機を、日本側は従来通りの対応を貫き、買うと言っているわけです。ただし、米軍に納入するF35の価格が引き下げられた後は、日本への納入分も引き下げられることになりましたが。

日本は、二〇一五年度と二〇一六年度は、アメリカからの武器購入費が二〇一四年度から倍増していますので、トランプがそこに目をつけ、今後は日本に、自分の国を自分で守るために、アメリカからもっと武器を買えと、更なる武器購入を求めてくるのかもしれません。

沖縄、北朝鮮、東アジアに起こり得る変化

一方、トランプが中国との有利なディールをするためには、沖縄にアメリカ軍基地を置いて、中国に脅威を与えるための拠点として残しておこうと判断する可能性も高いでしょう。日本を守ることが主眼ではなく、中国から有利な条件を引き出すためにに、何かあればいつでも中国を攻撃することができるとゆさぶりをかけるためにも、沖縄に軍事力を常駐させておく。トランプが沖縄のアメリカ軍基地を手放すことは、しばらくはないようにも思います。

一方、もし中国からうまく何らかの経済的な見返りが約束されれば、劇的な変化が起こり得る場合もあるかもしれません。アメリカにとってシーレーンへの軍事力の展開が、経済的にあまりプラスになっていないとトランプは考えているようで、中国からのアメリカに対する妥協をある程度引き出しさえすれば、沖縄に駐留しているアメリカ軍の縮小をも中国との交渉の条件にすることさえあるかもしれませ

ん。

対北朝鮮の問題も、トランプは、大統領選挙の期間中に、北朝鮮の金正恩と会談すると言ってきました。これまで北朝鮮の核兵器開発によって、六か国協議（アメリカ、北朝鮮、韓国、中国、ロシア、日本）も二〇〇七年の第六回以降、開かれていません。そのような状況が続く中で、トランプは金正恩と首脳会談をすると言い出したのです。韓国が朴槿恵大統領の問題で大揺れの今、北朝鮮は様子を伺っているのでしょう。北朝鮮にとって、トランプのような人物が大統領になるというのは、理解不能かもしれません。

韓国の今後の大統領選挙の結果次第では、韓国は北朝鮮に宥和的な政権になるかもしれません。その可能性はかなり高いでしょう。そうすれば、北朝鮮に対する経済制裁が緩和され、援助が始まる可能性もあります。

トランプが、金正恩との首脳会談を実現させ、北朝鮮の封じ込めを解除して、経済制裁をとき、アメリカ製品を北朝鮮に売り込むような事態になれば、東アジアの状況は大きく変化するでしょう。アメリカと北朝鮮の関係が改善されることになれば、北朝鮮を支えてきた中国への牽制にもなり得ますから、トランプなら選択しそうな方法です。

ヨーロッパもゆさぶりをかけられる

トランプは今後、NATO（北大西洋条約機構）の加盟国に対してもゆさぶりをかけてくるのではないかと考えられます。その背景には、「アメリカばかりが負担してきた」との思いがあります。

二度の世界大戦をアメリカが救い、その後の冷戦、冷戦後に多発した地域紛争もアメリカが主導して戦い、金も出してきた。それにもかかわらず、今後もアメリカ一国だけが同じように負担を強いられるのか、と。

トランプは、もう、そんなことはやめると言っているわけです。だからNATOに対しても、なぜアメリカがヨーロッパを守らなくてはいけないのか。そう問いかけるかもしれません。更にNATO加盟国もそれぞれもっと分担金を出すべきだと言い出すのではないでしょうか。

ヨーロッパではトランプのことを選挙中から批判し、反発も大きいものがありました。しかし大統領に当選してからは、EUの外務大臣がトランプ政権への対応を協議する非公式の会を招集したりするように、一定の距離をとりながら静観しているような状況です。アメリカ大統領選挙中に、イギリスではトランプの入国禁止まで討議されていたにもかかわらず、トランプ当選後は、急速に関係強化のために動いています。このようなヨーロッパの動きの背景にあるのは、やはり安全保障上も経済的にもアメリカとの関係を壊すわけにはいかないという意識です。トランプが「NATOから手を引く」と言い出したりしかねないことを察知し、警戒しているのでしょう。アメリカとヨーロッパとの関わりは、ロシアのクリミア半島侵攻に対する経済制裁をどうするかなど、今後はぎくしゃくせざるを得ないと思います。

このEUやアメリカ、日本の対ロシアへの経済制裁は、岐路に立っています。G7（アメリカ、ドイツ、フランス、イギリス、イタリア、カナダ、日本）のうち、日本はプーチン大統領と安倍総理の二〇一六年一二月の会談で共同経済活動の交渉開始に合意しました。したがって実質的に日本はロシアへの制裁から離脱することを表明したようなものです。そして、ロシアに寄ろうとするトランプのアメリカが、今後もし制裁から抜けるようなことになれば、ヨーロッパだけで制裁を続けていくことになります。そうすると、ロシアへの非難の声は小さなものになり、曖昧な状態になっていきそうです。

中東情勢にも大きな動きが

中東のサウジアラビアは、アメリカをはじめ多くの国へ石油を輸出しています。政治状況が不安定な中東において、石油を確保しようとするアメリカと、絶対君主制の王国の安定を望むサウジアラビアの利害が一致し、アメリカはサウジアラビアと密な関係を築いてきました。

またバーレーンには、アメリカ軍の第五艦隊の司令部が駐留しています。バーレーンはペルシャ湾に浮かぶ島国で、本島の南側にアメリカ軍の巨大な基地があり、中東で何かあったときにすぐに対応できるような体制をとっています。このようにサウジアラビアやペルシャ湾のシーレーンを守り、石油を確保してきたアメリカですが、近年、アメリカ国内でシェールガスやシェールオイルが採掘され、生産量とコストが安定したことで価格も安定し、産業として軌道に乗り始めました。そのため、中東からの石油に頼らなくてもエネルギー資源が確保できる産業構造がつくられてきているのです。

エネルギー資源の確保のために軍隊を駐留させていたアメリカですが、エネルギー資源がアメリカ国内で確保できるとなれば、駐留の必要はなくなります。こうなると、トランプは、サウジアラビアやバーレーンなどにアメリカ軍の駐留費用の負担を求めるかもしれません。また今でもサウジアラビアは、アメリカから多くの武器を購入していますが、それを更にと言い出すことも考えられます。

そしてトランプ政権の影響が大きく出そうなのがイスラエルです。イスラエルとアメリカの結びつきは強く、アメリカは中東においてアラブ諸国に囲まれたイスラエルの、いわば後ろ盾のような役割を果たしてきました。

第二次世界戦後、イギリスがパレスチナを手放したときに、国連がパレスチナ分割決議をします。パレスチナをアラブ人の国家とユダヤ人の国家に分けることになり、ユダヤ人の国としてイスラエルが独立しました。そしてそのパレスチナにあるエルサレムは、ユダヤ教、キリスト教、イスラム教の聖地であり、パレスチナ分割決議の際には国連が信託統治することが決められました。

しかし一九六七年の第三次中東戦争で、イスラエルは国連決議に反してエルサレム全域を占領します。それ以降、国連の立場からすると、イスラエルはエルサレムを不法に占領している状態が続いているのです。イスラエルは、エルサレムが分割することのできない首都であると宣言しますが、歴史的経緯から多くの国がその主張を認めず、大使館もテルアビブに置いています。アメリカと友好関係にあるサウジアラビアですが、イスラエルを国として承認していません。

オバマ前大統領は、中立的な立場をとり、イスラエルとパレスチナの二国家共存の和平を模索してきましたが、いまだに和平は訪れていません。

そして今回トランプは、ジャレッド・クシュナーを大統領上級顧問に指名しました。ジャレッド・クシュナーはトランプの長女イヴァンカの夫であり、正統派のユダヤ人です。ちなみにイヴァンカもクシュナーと結婚する際、ユダヤ教に改宗しています。大統領上級顧問は、様々な分野の政策や人事に関与できる役職で、今後中東和平においても、トランプ政権がイスラエルを擁護する姿勢を強めていくのは明らかです。

トランプはまた、イスラエルの首相であるベンヤミン・ネタニヤフとも友人であり、エルサレムをイスラエルの首都と認めて、現在はテルアビブにあるアメリカ大使館をエルサレムに移すと主張しています。実際にアメリカ大使館をエルサレムに移すとすれば、それは国連決議に違反することになります。アメリカは一九九五年にも、イスラエル大使館のエルサレム移転を認める法案を議会で可決しましたが、実行に移さなかった歴史を持っています。これは、サウジアラビアなどの中東のイスラム教国との関係悪化を避けたからです。

更に、アメリカの新たな駐イスラエル大使に選ばれたのは、トランプの友人で弁護士のデービッド・フリードマンです。フリードマンは中東和平においても強硬派として知られ、彼もやはりアメリカ大使館のエルサレム移転を主張し、「トランプの中東政策はイスラエル政府の望む方向に従う」と発言しています。

こういったトランプ政権の動きに対して、アラブ諸国からの目だった反応は今のところありませんが、歓迎されていないのは明らかです。そしてイスラエルが望むような政策が明らかになれば、反発が起きるのは必至です。

エネルギー資源や武器をめぐる取引においては、これまでの関係がどのようなものであろうと、利益が見込めるかぎり進めていく。その一方で、イスラエルを徹底擁護し、紛争激化の場合もイスラエルを支援する。この中東におけるアメリカのスタンスがどういう結果を生むのか、世界は注視しています。

トランプは戦争をしない!?

ビジネスマンのトランプは、戦争は基本的に嫌いです。アメリカが直接的に関わる戦争はしたくありません。なぜアメリカが他国のために人やお金を出してまで戦争しなければいけないのかということです。戦争を国家的な公共事業と捉える考え方もありますが、トランプは、戦争をすること自体は、基本的にお金にならないと考えているはずです。

今回のアメリカ大統領選挙の取材中、アフガニスタンでアメリカ兵が戦死したという報道がありました。テレビのニュースに兵士の制服姿の写真が映り、出身地が紹介され、英雄扱いされていました。やはり今でもアメリカはずっと戦争をしているのだと強く思いました。この状態が長年続いているわけですから、アメリカ国内では、厭戦的な気分が一般的な人たちの中には積み上がっているのでしょう。そこにトランプが現れた。トランプは理念のようなものを持っていません。例えば、アメリカの自由と民主主義を世界に広めるといったネオコン的な考え方を彼は持っていないわけです。自由と民主主義を世界にもたらすといって、ジョージ・W・ブッシュ大統領は戦争を始めました。トランプは、そういう振る舞いをしないでしょう。

ナショナリズムというものは、イデオロギーを含んで形づくられるものです。トランプはイデオロギーを持っていませんから、彼の言っている「アメリカ・ファースト＝アメリカ第一主義」は、ナショナリズムを含んでいないのです。その点が私たちの大きく見誤るところだと思うのです。トランプは常にアメリカの利益を優先するのであって、アメリカの自由や民主主義を広めるために政治の場に出てきたのではありません。

第二次世界大戦後のアメリカは、その自由と民主主義というイデオロギーを拠り所にして世界中で行動してきました。そしてそのイデオロギーのもと、戦争を続けてきました。しかし、ここでそのイデオロギーとは無縁の人物がアメリカ大統領になったのです。これまでの政治家の多くがイデオロギー、要は何らかの思想信条で動いていると考えられてきました。しかしトランプは、そういうイデオロギーを持ち合わせていないのです。

例えば今回、共和党から大統領に立候補したトランプですが、民主党員であったこともあります。更には、今回のアメリカ大統領選挙を戦ったヒラリー・クリントンに政治献金をしていたことさえあります。ヒラリーの夫である元大統領のビル・クリントンにも政治献金をしていたトランプは、そのときどきで共和党員であったり、民主党員であったりしているのです。トランプとしては、イデオロギーではなく、自分のビジネスに都合がよかったり、人脈を活かすことができそうだったりする政党や政治家にその都度献金し、所属してきただけなのでしょう。

核兵器さえ取引材料に

安全保障に関して、もう一つ大きな問題があります。

トランプは、「世界が核兵器についての思慮分別をわきまえるまで、アメリカは核能力を大幅に強化し、拡大しなければならない」と主張しました。選挙中、日本や韓国が核兵器を持つことに関しても、アメリカにとっては悪いことではないと発言するように、トランプは核に関しては、オバマ前大統領が進めてきた核兵器削減への模索の道を完全に覆すような考え方を持っているようです。

しかしここでまた注意しなくてはいけないのは、この二〇一六年の一二月二二日のトランプの発言の前に、ロシアのプーチン大統領が核兵器の増強を言い出していたことです。プーチンべったりの姿勢のトランプですが、さすがに対ロシアの関係においては、支持者たちの目を意識しないわけにもいかないのでしょう。ロシアにいいようにされてばかりでは、アメリカ国内での支持を失う場面もあるはずですから、対抗姿勢も打ち出さざるを得ません。それには核兵器の話はちょうどいいと、トランプは考えたのかもしれません。それともトランプとしては、トランプ自身が言っている賢いプーチンが、核兵器増強と言えば、それに応じてアメリカも増強すべきとの判断だったのでしょうか。

もっとも、その後トランプはイギリスの新聞「タイムズ」のインタビューに答え、「ロシアに対する制裁解除と引き換えに、ロシアとの間で核兵器削減協定を結ぶ可能性」について触れています。アメリカがロシアに対する制裁を実施しているのは、ロシアがウクライナ領のクリミア半島を力で併合したからです。クリミア半島と核兵器削減という、まったく異なる二つの話を取引する。奇想天外ですが、まさにトランプらしいと言えます。

それでも、トランプの発言には、今回も前提条件がついています。第2章で述べたように、トランプの発言は後からどうとでもとれるような内容が多いのです。例えば「イスラム教徒の入国禁止」宣言も、実は、テロが誰によって、どのように起きたのか、それらが詳しくわかるまでの間は、イスラム教徒は一切入国させない、というものでした。つまり誰がどういうふうに起こしたかがわかれば、入国を禁じることはないというわけです。

今回トランプは、「世界が核兵器についての思慮分別をわきまえるまで」と言っています。つまり、世界が思慮分別をわきまえれば、核兵器の能力を強化したり拡大したりする必要はないわけです。そして思慮分別をわきまえたと、誰が判断するのかも言っていません。こうやってトランプは、いつものように後からどうとでもとれるような言い方をして、予防線を張っているのです。

また一方で、トランプのビジネスマンとしての意識からすると、核兵器に対して、一般兵器に比べコストが低い武器という認識を持っている可能性があります。だからステルス戦闘機F35の価格や開発費には口を出すのに、核兵器の増強は進めるというわけです。

核兵器は抑止力であって、実際に使用した場合、人類は壊滅してしまいます。ですから核は、持っていること自体が大きな力になります。様々な武器をたくさんのお金をかけて開発して、局地的な戦闘でそれらの武器を使い、人命をかけて戦うより、何らかの有事が起こった際は、壊滅的な状況を生み出す核兵器を持つほうが、軍事力としては有効だという考え方もあります。つまり抑止力としての核を持っているこどのほうが、通常兵器より低コストで済むと考えることもできるのです。

実は、既に核兵器の性能を上げるための作業は行われています。二〇一五年、ニュー・メキシコ州のアルバカーキに、アメリカの原子力研究の取材に行きました。アメリカは、核兵器の削減を進めてきたわけですが、それでも多くの核兵器を保有しています。それらが経年劣化で性能が落ちないように、常にプルトニウムをチェックし、部品を少しずつ最新のものに替えているのです。結果的に核兵器の数は減らしていても、その核戦力は最新式になっていて、性能は上がっています。トランプがそのことを知ってか知らずかわかりませんが、Ｆ35のような通常兵器はアメリカ国内で使用する必要もあまりなく、高過ぎるそれらより核兵器を増強することで、アメリカの国土は守れるという考え方を持っているのではないでしょうか。

この発想と同じ考えで核開発をしているのが北朝鮮です。朝鮮戦争で莫大な費用をかけて、大勢の兵士が死に、休戦後は、韓国が軍備を強化していく中で、北朝鮮の兵器はどんどん時代遅れになっていきます。通常兵器同士で韓国と北朝鮮で戦えば、一瞬にして勝負がつき、北朝鮮は敗北してしまう。であれば、北朝鮮としては、通常兵器を充実させる方法ではなく、持てる費用全てを費やして、核兵器開発をしようと考えた。そして核兵器の開発を成し遂げ、これで自分の国を守ろうと勢い込んでいる。それが北朝鮮の現状です。

まさかアメリカ大統領が北朝鮮と同じようなレベルで安全保障の問題を考えるとは、誰も思っていなかったことでしょう。

ドル高、株価上昇、その先は

トランプが新大統領に決まって以降、アメリカの株価は上昇しています。その中心は建設関連の株です。トランプは政策の一つとして、一〇年間で一兆ドルに上る、戦後最大のインフラへの投資を挙げていて、公共事業が大々的に進むだろうとの期待感が現れたものです。

実際アメリカに行ってみると、豊かだった時代に整備された道路や橋が、傷んで直されないままになっているところを各地で目にします。公共事業に回すお金がなく、修理が必要な時期になっても手を着けられず、延びのびになっているようです。放っておけば、それこそ橋が落ちたり道路が陥没したりという事故につながりかねませんから、こういった古くなったインフラの整備はいつかしなくてはならないのですが、一気にやるとなると巨額の費用が必要になります。

その金額が、一〇年間で一兆ドル。これをどこから持ってくるかというと、やはり赤字国債を発行するしかないでしょう。アメリカ経済が活発で、長期間安定した税収が見込めるなら、インフラ整備の計画も立てられるでしょうが、財政にも余裕がないとなると、国債に頼ることになります。

「オバマ政権は巨額の財政赤字を作りだし、それを一向に減らそうとしない」と共和党は批判し続けてきました。その前のブッシュ政権もアフガニスタンの戦費などで大きな赤字を生んでいるのですが、いずれにしてもこの財政赤字は解消されていません。そんな時期に、共和党の大統領によって更なる赤字国債の発行となると、議会で民主党から批判を浴びるのは必至で、議会運営にも影響してきます。

公共事業に力を入れれば、雇用も促進されますが、景気対策の形も見えないままにそれを推し進めることに対しては、共和党内にも慎重論があり、トランプの思うようになるかは見えてきません。

また、アメリカの中央銀行であるＦＲＢ（連邦準備制度理事会）は、二〇一六年に金利を上げました。二〇一七年には、更にあと二回か三回は金利を上げるであろうといわれています。今のＦＲＢのジャネット・イエレン議長の任期は二〇一八年までですが、トランプはその任期が切れた後には議長を代えると言っています。イエレン議長としては、留任を意識してトランプに配慮する必要もないわけですから、中央銀行のトップとしての本来の認識にもとづいて今後も金利を上げていくでしょう。それを見越して、今、世界中からお金がアメリカに流れ込んでいます。新興国に投資されていた資金がアメリカに流れて行くので、新興国の通貨が下がっています。

日本にとっても円安になりますから、当然、輸出産業の利益が上がることを見越して、日本の株価も上がっています。ただし円相場や株価に関しては、新政権の政策に大きく影響されるはずです。円安は日本の輸出産業に大きな利益をもたらしますが、トランプは国内産業の保護のために海外製品に高い関税をかけると言っていますから、トランプのディールによっては、円高にも大きく振れる可能性があるということです。

トランプ政権には、アメリカの経済界、とりわけウォール・ストリートから多くの人材が起用されました。国家経済会議議長のゲーリー・コーン、財務長官のスティーブン・ムニューチンはいずれもゴールドマン・サックスの出身。そして商務長官には著名な投資家であるウィルバー・ロス。選挙期間中は反ウォール・ストリートの姿勢を見せ、支持者を盛り上げましたが、このウォール・ストリートからの閣僚の登用に、がっかりした支持者も少なくないはずです。

リーマンショック以後、大規模な金融の混乱が起こらないようにと導入されたのが、金融機関の自由な貸し出しなどを規制する「ドッド・フランク法」です。ウォール・ストリートも投資家たちもこれには反対してきました。政権の中枢にそのウォール・ストリート出身者が何人も起用されるということは、このドッド・フランク法は廃止されることになるでしょう。金融業界は大歓迎ということです。

インフラ投資への期待からアメリカの株価が上昇し、ドル高になり、さらに金融規制が緩和される。つまりトランプ政権発足を待たずして、ウォール・ストリートの儲け商売は、すでに始まっているということです。

トランプは選挙期間中から、「中国が意図的に人民元を安くしている」と発言していましたが、自分が大統領になったことでドル高になり、人為的ではなく、自然に人民元安になってしまいました。この状況では、「中国が為替操作している」という理屈は成り立ちません。就任早々にも中国を「為替操作国」に指定すると見られていましたが、これは見送られることになるでしょう。ただこれらの発言も中国へのゆさぶりの一つで、ディールでより良い条件を引き出すための材料なのです。

しかし、長期間のドル高はアメリカののぞむところではありません。現にトランプは「ドルが高過ぎてアメリカ企業が競争できない」と言っています。ドル高では、海外からの輸入品の値段が下がりますから、国内産業の保護や振興が進まず、競争力は弱まってしまいます。政権発足後、どんなドル高対策を打ち出すのか、それともドル高に対応する方向に切り替えるのか、世界の注目の集まるところです。

「雇用を生み出す」がキーワード

「われわれは雇用をつくる。神が創造した中で最も偉大な雇用をつくる人間になる」。これは、大統領選後初の記者会見でのトランプの言葉です。「雇用を創生する」「奪われた雇用を取り戻す」というのは、選挙期間中からトランプが言い続けてきたスローガンの一つで、失業率の高い州などを中心に支持者は熱狂しました。つまり、「雇用を生み出す」が新政権の中心のキーワードなのです。

当選後には、メキシコに工場を建てようと計画するアメリカのフォード・モーターや日本のトヨタ自動車を名指しで批判しました。北米にはＮＡＦＴＡ（北米自由貿易協定）があり、メキシコからの輸入に関税はかかりません。メキシコに工場をつくり、そこで自動車を生産すれば、アメリカでの生産よりはるかに人件費が抑えられ、その上関税はゼロでアメリカ国内で売ることができるのです。このＮＡＦＴＡ（北米自由貿易協定）も見直すとトランプは言っていますが、それに先立つゆさぶりがツイッターでの口撃です。

本来資本主義は、それぞれの企業が独自の経済合理性において行動することが容認されるはずで、政府や国家の介入は原則に反していますが、トランプはそんな原則もおかまいなしです。

そしてこの「雇用」を手土産に、トランプに歩み寄る企業が出始めています。アメリカの新聞「ワシントン・ポスト」を所有するアマゾン・ドット・コムのジェフ・ベゾス最高経営責任者（ＣＥＯ）は、選挙期間中には「火星にロケットで打ち上げたほうがいい」などとトランプを批判し、二人は衝突を繰り返していました。ところがこのアマゾン・ドット・コムが「今後一年半で一〇万人以上を新たに雇用する」と発表しました。現在およそ一八万人いるアメリカ国内の従業員を二〇一八年半ばまでに、二八万人に増やすというのです。対立したままでは、どんな圧力がかかってくるかわからないので、先手を打って歩み寄った形ですが、トランプは大歓迎です。アメリカのＩＢＭも、今後四年間にアメリカ国内で二万五〇〇〇人を採用し、人材育成にも一〇億ドルの投資をすることを明らかにしています。

また海外の企業もトランプの言動に反応し、動き出しています。ソフトバンクグループの孫正義社長は二〇一六年一二月六日にニューヨークでトランプと会談し、ソフトバンクが米国の企業に五〇〇億ドルを投資し、五万人の新規の雇用を生み出すことを約束しました。孫社長は、「トランプ政権で規制緩和が進み、米国はもう一度活発に成長する国になる」と話し、「彼は業界のすばらしい人だ」とトランプは述べました。小さなビジネスマンと大きなビジネスマンがトランプタワーで肩を並べる姿が印象的でした。

中国のインターネット通販最大手「アリババ集団」創業者の馬雲会長も、二〇一七年一月にトランプと会談し、今後五年間でアメリカに一〇〇万人の雇用をもたらす計画を伝えました。中国に対しては一貫して厳しい態度をとり続けているトランプですが、このビジネス会談には上機嫌で、「すばらしい会談だった。彼は世界で最も偉大な事業家の一人だ」と馬会長をたたえています。

ゆさぶりに応じる企業や、トランプの規制緩和をビジネスチャンスととらえる企業など、理由は様々で具体的な「雇用」の計画もこれからですが、いずれにしても「アメリカに雇用をもたらす」ならば、何でもオーケーに見えるのは、やはりトランプがビジネスマンだからです。

日本は今後どうするのか

トランプは、大統領就任直後にＴＰＰ（環太平洋パートナーシップ協定）離脱についての大統領令に署名しました。

オバマ政権が推し進めてきたこのＴＰＰは、二〇一六年一一月に衆議院ＴＰＰ特別委員会で強行採決され、承認と関連法案が可決されました。その安倍政権が押し通したＴＰＰ参加には、アメリカが大きく関わっていましたが、梯子をはずされた形になりました。

円安ドル高によって日本の対米輸出は好調になっていますが、アメリカがＴＰＰから離脱して、全ての通商交渉を一対一の二国間で行うことになれば、日本がアメリカに輸出している製品が、新たなゆさぶりの材料になる可能性が大きくなってきました。

例えば、「アメリカは日本から自動車をこんなにたくさん買っているのだから、日本はアメリカの製品や農産物をもっと買え」ということです。現在アメリカから買っているもので日本が必要としているもの、特に農産物や食料品などに焦点を絞って交渉材料にしてくるでしょう。

日本政府はＴＰＰを推し進めるために、農業関係者の反対を必死でなだめてきましたが、アメリカ抜きのＴＰＰは、メリットもデメリットもそれほど大きなものにはなりません。

そしてアメリカとの二国間交渉ということになれば、ビジネスマン・トランプが何を材料にどんなゆさぶりをかけてくるのかを冷静に、しかも長期的視野をもって見きわめなくてはなりません。目の前の損得だけならビジネス視点で勘定できるでしょうが、国と国との通商ですから、様々なことに考えを広げて進めていかなければ、国益を損ねることになりかねません。

ＴＰＰが機能しなくなった場合は、日本にとって、ＲＣＥＰ（東アジア地域包括的経済連携）が重要になってきます。RCEPは、日本、中国、韓国、フィリピン、シンガポール、タイ、ベトナム、ラオス、マレーシア、ミャンマー、カンボジア、インドネシア、インド、オーストラリア、ニュージーランド、ブルネイの一六か国で経済的連携を進めていこうとするものです。

TPPが一二か国の環太平洋地域での交渉だったものを、西に地域をずらして経済圏をつくろうというのが、RCEPです。アメリカやカナダやチリなど、要するに南北アメリカを除いた東アジア、東南アジア、南アジア、オセアニアの地域での貿易交渉で、TPPと重なっている国は、日本、オーストラリア、ニュージーランド、マレーシア、ベトナム、シンガポール、ブルネイです。人口は約三四億人で世界全体の約半分、GDPは約二〇兆ドルで世界全体の約三割を占めるといわれていますから、交渉がまとまれば、アメリカにとっては脅威になるでしょう。

アメリカの代わりに中国がいるようなRCEPの状況で、日本はこれから主導権をめぐって、中国と争うことになるでしょう。ここで日本が狙っているのは、アメリカがTPPで、例えば各国に対して知的財産についていろいろと注文をつけていたのと同じように、オーストラリアやニュージーランドと一緒になり、中国に対して知的財産を守るために圧力をかけていくことです。またそれぞれの国と関税の引き下げを交渉していくことも重要になってきます。

この交渉で関税を下げることができれば、日本にとっては、いろいろなものを輸出していくという点では有利に働きます。日本がＴＰＰで期待していたのは、ベトナムに自動車を低い関税で輸出できるようになるということでした。ベトナムは日本の自動車に高めの関税をかけていました。順調に経済発展しているベトナムは有望な市場ですから、ＴＰＰがうまくいかない場合は、このＲＣＥＰの場で改めて交渉していくことになるでしょう。逆に海外から日本に安い農産物が入ってくる可能性はありますが、東南アジアや東アジアには、日本にとって脅威になるような農産物はあまりないのが実情です。

アメリカとの二国間交渉も重要ですが、ＴＰＰが日本にとって魅力的なものでなくなる可能性がある今、日本政府は主軸をＲＣＥＰに移しつつあるというのが現状です。

アメリカの経済が第一

こうして経済から考えると、例えば、米中関係が緊張状態になるかもしれないと先に述べましたが、トランプはアメリカの利益のことしか考えていないわけで、中国の政治体制について、どうすべきなどとは言っていません。むしろあれだけの人口を抱える市場としての中国を、アメリカの経済にとっていいようにしたいと思っているのかもしれません。あるいは、中国にアメリカへの投資をもっとさせたいと思っているのでしょう。

そのために「一つの中国」とは限らないと言い、トランプは中国にゆさぶりをかけているのです。トランプの中国に対するゆさぶりが、すぐに米中対決に発展するかと思ってしまいがちですが、とにかくイデオロギーなどなく、金儲けだけを考えているのであれば、中国の政治体制がどうであろうとトランプは構わないわけです。トランプにとっては、アメリカに投資をしてくれればいい、アメリカの利益になればいいとしか考えていないのです。

フィリピンのロドリゴ・ドゥテルテ大統領は、「フィリピンのトランプ」と言われます。確かにトランプとドゥテルテの手法はよく似ています。ドゥテルテは、中国の南シナ海での人工島建設を棚上げにして問題にしない代わりに、習近平国家主席との会談で、中国からの莫大な支援を引き出しました。トランプも、人は殺さないけれど、アメリカのドゥテルテとも言えます。この二人は、とにかくお金を自分の国に呼び込めれば、それでいいという考え方を持っている。そう考えるとわかり易いのではないでしょうか。

トランプが、台湾の蔡英文総統からの電話に応じて会談しました。これは、従来のアメリカの外交政策からすれば、驚天動地の出来事でした。電話会談したことが大きなニュースになると、トランプは、「アメリカの武器を買ってくれる台湾の総統からのお祝いの電話に応じただけ」とコメントしました。

従来の発想で言えば、トランプの言い逃れに聞こえますが、実はあながち言い訳ではないかもしれません。アメリカの商品を買ってくれるお得意さまから、おめでとうと言ってきたわけだから、それに応えて何か問題があるかということです。

ということは、中国の共産党政府も落としどころは見つかる可能性もあるわけです。トランプが、政治状況について何か口を出すことはないわけですから、中国と台湾の関係には踏み込んでこない。中国からの投資や輸入の増加が見込めれば、トランプは中国に対して何も言わなくなるでしょう。

このように戦争をすることなく、お金のやり取りで世界平和のバランスが保たれていく状況はあり得るかもしれません。トランプが、中国ともロシアとも対立する理由がさらさらないと言っているのは、そういう理由からでしょう。イデオロギーなき時代とも言えます。

歴史的に見れば、昔はモンロー主義をとったアメリカだと言いました。世界の平和なんて考えていなかったアメリカが、第二次世界大戦が終わった後、ソ連というアメリカにとって脅威の体制ができてしまったので、世界のことを考えるようになったわけです。実はこの状態のほうがモンロー主義の時代より短いのです。そして第二次世界大戦後は、アメリカが要らぬおせっかいをしたせいで、世界に戦争が広がっていった部分もないではありません。

現在の世界の形

アメリカに代わって、ロシアが台頭してくる可能性もあまりないでしょう。ロシアには世界の警察官になるつもりは毛頭ありませんし、そんな力もありません。第3章で触れたように、プーチンは、かつてのソ連圏の復活を目論んでいるとは考えられます。それは本気でしょうが、かつてのソ連の完全復活は無理です。ジョージア（グルジア）、ウクライナをロシアのものにしようとは考えてはいません。ただ、ヨーロッパとの緩衝地帯にはしようとしています。西側の影響力を遮断し、西側との地理的接触を避けたいからです。なのでウクライナの内戦が続いていることはロシアにとっては都合のいいことです。ウクライナが緩衝地帯であり続けるからです。ウクライナが統一されることは、ロシアにとって望ましくないのです。だからロシアがウクライナを併合するつもりもありません。併合してしまえば、今度はポーランドとロシアが国境を接することになります。NATOに加盟しているポーランドとは、ロシアは国境を接したくないのです。これは長い間、絶えず紛争を抱えてきた国ならではの発想でしょう。ソ連は、第二次世界大戦で二〇〇〇万人以上の戦死者を出し、犠牲者が最も多い国ですから、国境を接している国が敵対的であることにたいへん脅威を感じているのです。

ロシアが脅威を感じている一方で、ロシアに脅えているのがバルト三国（エストニア、ラトビア、リトアニア）です。バルト三国は、ソ連の一部でしたが、ソ連崩壊前に独立を果たしました。というよりは、バルト三国が独立をしたことが、ソ連崩壊の引き金を引いたと言ってもいいでしょう。

その結果、バルト海に接しているカリーニングラードが、リトアニアとポーランドに挟まれたロシアの飛び地になりました。

ロシアは、カリーニングラードの安全を維持するためにも、バルト三国をロシア寄りにしたいという思いがあります。さすがにロシアがバルト三国を吸収合併することはないにせよ、その三か国がロシアに逆らえないような状態にはしておきたいのです。

例えばリトアニアは、NATOに加盟していますから、NATO軍が駐留しています。ロシアとしては、リトアニアを侵略することはなくても、NATOの軍隊をリトアニアに置かせたくはない。できれば基地を撤去させたい。プーチン大統領は、圧力をかけて、リトアニアをはじめバルト三国を中立化していこうと考えているのではないでしょうか。いわゆる「フィンランド化」です。

フィンランド化というのは、ソ連が大きな力を持っていた時代の話です。ソ連と国境を接していたフィンランドは、常にソ連の脅威にさらされていました。かつてはソ連の侵略を受けたこともあるフィンランドとしては、国の独立を維持するために、ソ連に逆らわないという外交方針を維持しました。

政治体制は民主主義、経済体制は資本主義を採用しながらも、NATOには加盟せず、NATOと、NATOに対抗してソ連主体で築かれたワルシャワ条約機構の間にあって、どちらにも偏らない方針で生き抜いてきました。

ロシアとしては、バルト三国にNATOの軍事基地があるのが面白くない。NATO軍を追い出し、バルト三国を中立化したいのです。

これまでのアメリカでしたら、ロシアがバルト諸国に手を出すようなことは絶対認めなかったでしょうが、プーチン大統領と親密な関係を築いたトランプだったら、ロシアの行動を容認してしまうのではないか。バルト三国は今、この恐怖に怯えているのです。

さすがにロシアは、世界征服までは考えていません。かつてのソ連の栄光、ソ連の再現はできないけれど、強い栄光を取り戻したいという思いが、プーチンにはあるわけです。

その点ではプーチンとトランプは、発想が同じです。トランプが使った「Make America Great Again」と同じように、プーチンもかつての偉大なソ連のように、ロシアを取り戻したいのです。

そのプーチンと安倍晋三総理も馬が合います。安倍総理は、二〇一二年に実施された総選挙で「日本を、取り戻す。」というキャッチフレーズを使いました。「美しい日本」を取り戻したいということでしょう。これを英語にすれば、きっと「Make Japan Great Again」でしょう。

トルコのエルドアン大統領も、かつてオスマン帝国が広大な版図を持ったように「オスマンの栄光よ再び」と考えています。

そして中国の習近平国家主席も、かつて中国が世界に領土を広げた「明の時代の栄光よ再び」という思いがあります。世界のリーダーたちが同じタイプになってしまっているのです。

そしてドイツにも「ドイツのための選択肢」という右翼政党があります。さすがにナチス・ドイツ時代は肯定できないものの、ナチス・ドイツの前に栄光のドイツがあったではないかと、その歴史の再評価を求めています。かつて帝国を築いた国々は、それを取り戻したいという強い思いがあるのです。

一人勝ちの国というものは、もはや存在しません。みんなが沈んでしまったからこそ、過去の栄光をそれぞれが取り戻そうと言い出しているのです。

世界を動かしたり、争いが起きたりする理由が、イデオロギーでもないし、宗教とも少し違う時代に突入しているのだと思います。ビジネスとプライドが世界を覆ってきている。「かつての栄光よ再び」。つまり、わが国はかつて偉大だった。だから、それを取り戻そうという考えで動いていると捉えると、理解しやすいでしょう。

安倍政権にも似たようなところがあるように見えてしまいます。安倍総理は、「戦後レジームからの脱却」と言っていました。日本は偉大だったんだ、美しい国だ、戦後がダメになったのだ、という意味なのですから。

現在の状況は、「アゲイン」というところがポイントです。先へのイメージがなくなったので、後ろを向いて、後ろで一番よかったときをもう一回引っ張り出すことばかりに気が向いています。本来、リーダーは先を考えなくてはいけないはずなのに、それができません。そこで、後ろを向くしかないといった考えに憑かれてしまっているのです。

ＥＵは、世界大戦を二度も経験して、栄光や物質的な豊かさよりも、平和でみんなが精神的に豊かに暮らせる時代にパラダイムシフトしていこうという理想がつくり出した流れでした。しかし急ぎ過ぎてしまったのでしょう。加盟国の急激な増加と、新規加盟国からの大量の移民によって結束が揺らいでいます。

それでもなおＥＵには欧州統合の理想を持っている人たちがいるのです。その象徴がドイツのアンゲラ・メルケル首相です。メルケル首相は、厳しい状況の中でも、移民や難民の受け入れに一所懸命取り組んでいるのです。

トランプ大統領、マスコミを批判

二〇一七年一月二〇日。アメリカの第四五代大統領にドナルド・J・トランプが就任しました。就任式に集まった観客は推定約九〇万人と報道されました。八年前のオバマ大統領の就任式に集まったのは一八〇万人と伝えられていましたから、人気のなさがわかります。新聞各紙は、同じ場所から撮影された二枚の写真を並べて観衆の数の違いを示しました。

ところが、ここにトランプ大統領は文句をつけます。「自分で見たとき一五〇万人はいたはずだ。人数が少なかったというウソの報道だ」とメディアを批判しました。一目瞭然の写真を突き付けられても認めようとせず、マスコミを批判する。トランプの面目躍如でした。

しかも、この発言はＣＩＡ（中央情報局）での演説です。大統領になるまで、トランプはＣＩＡをナチス・ドイツに例えて批判していました。自分のスキャンダルをロシアに握られているという報道が出た際、「ＣＩＡが情報を漏らしている」と批判したときのことでした。

ところが、いざ大統領に就任すると、就任式の翌日、それまで敵対視していたCIAの本部をただちに訪問。玄関ロビーで数百人の職員を前にスピーチし、「自分は誰よりも強くCIAを支持している」と力説したのです。この変わり身の早さ。さすがトランプです。

しかも、CIAに対して自分が批判したのに、それをメディアの誤報だと言い張りました。そして「メディアの報道は、私が情報機関と対立したかのように聞こえる」としてメディアを非難したのです。常に自分の自慢を欠かさず、都合の悪いことはメディアの責任にする。これもトランプ節です。

「アメリカ・ファースト」を連呼の就任演説

大統領の就任演説。これほど格調の低い演説があったでしょうか。トランプ大統領の就任演説は一六分程度。自由も民主主義も語られることはありませんでした。歴代の大統領は、それぞれの理念にもとづいて、民主主義やアメリカの理想について語ってきたのですが。

しかし、トランプの演説には、それがありませんでした。代わって語られたのが、「Make America Great Again（アメリカを再び偉大にする）」という選挙戦中の決まり文句でした。

トランプ大統領は、この国をどこに持って行くのでしょうか。その点で方向を示したのは、「アメリカ・ファースト」という言葉でした。アメリカを第一に考える。アメリカの大統領であれば当然のことですが、ここでは、「他の国は他の国で勝手にやってくれ」という含意がありました。アメリカ以外の国のことはどうでもいい、というわけです。これでは近隣窮乏化政策です。

トランプは、大統領に就任する前から、アメリカ国内からメキシコに工場を移転したり、メキシコに新設することを検討しているという企業をツイッターで槍玉に挙げることで阻止してきました。これは「指先介入」とでも呼べる現象でした。

この結果、メキシコへの工場の移転や新設を取りやめる企業が相次ぎました。まさに近隣窮乏化政策です。短期間で見れば、アメリカに工場が残ることで、アメリカの衰退を遅らせることはできるかもしれませんが、メキシコでの雇用は失われます。メキシコの人々の暮らしが苦しくなれば、また不法移民が大挙してアメリカに舞い戻ってくることでしょう。

メキシコに工場を移すことで、メキシコの経済を発展させれば、わざわざ国境を越えて来ようとする人の数も減るでしょう。長い期間で見れば、メキシコへの工場移転は、不法移民対策になるのです。

しかし、トランプの視点は近視眼。不法移民が入って来られないようにメキシコとの国境に壁を建設すると言い張ります。いくら高い壁をつくったところで、アメリカでの豊かな暮らしを夢見る人たちは、壁を乗り越え、あるいはトンネルを掘って入国してくるでしょう。国境の壁は、事態の解決にはならないのです。

「バイ・アメリカン」と言うけれど

驚いたのは、演説の中で「Buy American（アメリカ製品を買おう）」と言ったことです。実に久しぶりに聞く言葉でした。これは一九八〇年代によく耳にした言葉です。当時のアメリカは、日本から家電製品や自動車など、安価で高品質な製品が流入し、貿易赤字に悩んでいました。少しでも赤字を減らしたい、だからアメリカ製品を買おう。これが「Buy American」のスローガンでした。

当時は「アメリカ製品を買おう」と呼びかければ、それなりに買えるアメリカ製品がありました。しかしその後、日本だけでなく、韓国製品や中国製品も流入します。アメリカの産業は競争力を失い、アメリカ国内の工場は消滅したり、海外に移転したりして、もはやアメリカ国内には買えるアメリカ製品が激減してしまったのです。だからこそ貿易赤字は続いているのです。その実態を知ってか知らずか、トランプ大統領の「Buy American」という呼びかけは無力でしかないのです。

トランプ大統領の頭の中は、一九八〇年代のままに固定してしまっているのではないでしょうか。このままの認識で大統領としての権力を行使するとは、実に恐ろしいことです。

アメリカ国民の不支持率

選挙中の過激な暴言の数々はあっても、大統領に当選すれば態度が変わるのではないか。そんな国民の期待に反し、トランプの言動は変わりませんでした。その結果が、大統領への不支持率の高さです。

アメリカのギャラップ社が行った世論調査で、トランプを「支持する」と答えた人は四四パーセント、「支持しない」と答えた人は五一パーセントにも上りました。この調査は歴代大統領の就任直前に行われていて、就任前であるからこその期待感もあり、「支持する」の数字は大きくなるのがこれまでの反応でした。

一九九三年のビル・クリントンからジョージ・W・ブッシュ、バラク・オバマの三人の大統領の「支持する」の数字を見ても、五〇パーセントを下回ることはありませんでした。ちなみにオバマ前大統領は「支持する」が八三パーセントで「支持しない」が一二パーセント。あまり人気のなかったブッシュでさえ「支持する」は六一パーセントでした。

選挙戦でヒラリー・クリントンを支持した人はもとより、「何かをしてくれるかも」とトランプに期待した人の中にも、この大統領の船出に不安を憶えていることがわかります。

見えない政策

大統領選挙中から、トランプの言動は世界を驚かせ、混乱させてきました。アメリカ・ファーストを謳い、「雇用を増やす」、「不法移民を追い出す」、「税金を下げる」といった言葉をスローガンのように繰り返して支持者を熱狂させましたが、具体的にどういう政策をもってそれらを実行しようとしているのか、いまだに見えてきません。

これまで書いてきたように、トランプは政策というものを示していません。トランプが見る世界やアメリカとの関係を、彼なりのビジネスセンスで表現したまでで、その観点から言えば、「とても正直だ」とも言えるでしょう。そしてそこでわかるのは、政治家としてのイデオロギーがないということ。どんな政治家にも、主義や理念、宗教的な理想など、イデオロギーが大なり小なりあって、それらを示すことで支持者の賛同を得られるのだ、という考えにわれわれはすっかり慣れてきていました。理想を描き、国民より更に遠くを見渡せる目と知識を持つ者が政治家なのだと（そういう政治家は、日本には少なくなりましたが）。

いずれにせよ、このイデオロギーのない大統領は、世界を不安にさせています。トランプの言動が、どこまでディール（取引）の材料なのか、どこまでが見当違いなのかさえ、まだ見えていないのが実状だと言えます。

閣僚とは意見不一致相次ぐ

トランプ政権発足を目前にした二〇一七年一月、アメリカ上院外交委員会で、閣僚の指名承認公聴会が行われました。トランプと共和党の政権移行チームによって選ばれた閣僚候補は、この公聴会で議員たちの質問を受け、承認を得て入閣が認められます。

一月一一日は、国務長官に指名されたレックス・ティラーソンが公聴会に臨みました。ティラーソンは、アメリカ石油会社大手のエクソンモービル前会長兼最高経営責任者（CEO）で、ロシアとも強いつながりがあります。ここでの議員からの質問はティラーソンとロシアの関係に集中しましたが、ティラーソンは「ロシアは危険である」と述べ、ロシアが仕掛けたとされる大統領選挙でのサイバー攻撃に対するアメリカの制裁措置を維持すべきだと発言しています。そしてアメリカは、世界でより強力な指導力を発揮するべきだとも。

これは、トランプが示しているロシアへの考え方とはだいぶ違っていますが、ロシアをまるで信用していない共和党主流派を意識したものであるように見受けられました。

司法長官に指名されたジェフ・セッションズは、アラバマ州出身の上院議員で、移民対策には強硬な姿勢で知られ、過去には黒人への差別発言があったという疑惑が持たれています。そのジェフ・セッションズも公聴会では、トランプが主張しているイスラム教徒の入国禁止について、「アメリカへの入国を拒否すべき宗教集団だとは思っていないし、そういう考えも支持しない」と述べ、リベラルな立場を強調しました。

選挙戦中にトランプは「テロとの戦いでは水責めや、もっとひどい拷問を復活させる」と発言していました。しかし、国土安全保障長官に指名されたジョン・ケリーは、公聴会において、水責めなどの拷問を禁じたアメリカの国内法に絶対的に従うと述べ、終始優等生的な態度をとっていました。

公聴会において、各閣僚候補がどんな質問にどう答えるかは、トランプも当然知っているはずですが、トランプの過激な発言をあえて否定するような内容には、何とかして国民の不安感を取り除こうとする姿が見えてきます。

すべてはディール（取引）で考える

トランプは、「俺はディールが好きだ」と公言しています。国内政治も外交も、貿易政策も、すべては取引の観点で取り組む。そのときトランプに理念や理想、イデオロギーはない。こう考えると、トランプの今後の動きが理解できるかもしれません。彼の行動原理は、次のようにまとめられるのではないでしょうか。

・アメリカの国益を最優先に、相手と一対一でディール（取引）する。
・ディールの前には相手の弱みを指摘して、ゆさぶりをかける。
・理念や理想といったイデオロギーを持たず、利益が見込めるならどんな相手とでもディールする。

・ポリティカル・コレクトネス（政治的正当性）を軽視し、人の心に潜む言葉を駆使して民心をつかむ。

・変更は容認し、事情が変われば簡単に前言を翻す。

・マスコミは信用しない。

これが「トランプイズム」です。基本的なビジネス精神とも言えるでしょう。トランプ発言の真意を探ろうとするなら、過激な言葉に惑わされることなく、トランプが何を利益と見て、誰とディールしようとしているかをビジネス視点で探る必要があるでしょう。

ただ、この「トランプイズム」がトランプ政権や共和党の隅々まで浸透し、アメリカという国がすべての政策をディールで推し進めるとは思えません。ビジネスにおいては、ときには何かを「割り切る」ことが大切ですが、政治で何かを割り切ったとき、たいていの場合、その被害者は弱者です。自分たちの祖先が移民であり、民主主義を貫いて世界に広めたアメリカが、その歴史において積み重ねてきたシステムを損得勘定だけで簡単に見直せるはずはありません。

マスコミとも対決始まる

今後注目すべきはマスコミです。大統領当選後、初めて開かれたトランプタワーでの記者会見で、CNNが「選挙期間中にトランプ陣営がロシア当局と情報交換しており、トランプはロシア当局に恐喝されるような情報を握られている」と報道したことに対し、トランプは「偽ニュース」だと激しい口調で反論し、その後のCNNの記者の質問を受け付けませんでした。

オバマ前大統領は任期中最後の記者会見で、「自由な報道活動が民主主義にとって必要である」と述べ、トランプに苦言を呈しましたが、トランプは聞く耳を持たないでしょう。

トランプのマスコミ報道に対する過剰な反応は、アメリカの多くのマスコミを敵に回しただけでなく、記者たちのジャーナリスト魂に火を点けたと言えます。二〇一六年一〇月から一二月までの二か月間に、「ニューヨーク・タイムズ」電子版の購入者は二七万五〇〇〇人も増加しました。トランプ大統領による攻撃に対して果敢に戦う姿勢が評価されたのでしょう。

アメリカのマスコミ人の中には、選挙期間中にトランプの暴言を面白がるかのように報道し、そのことが図らずもトランプの宣伝になってしまったことに対して、負い目に感じている記者もいるはずです。

今後のトランプ対マスコミにおいて、アメリカの記者たちはジャーナリズムの精神と真髄を見せてくれるでしょう。

しかし、トランプ大統領が、それを正面から受け止めようとするのか、と問われれば、はなはだ怪しいと言わざるを得ません。これが、トランプ時代の現実なのです。

池上 彰　いけがみあきら

ジャーナリスト。名城大学教授、東京工業大学特命教授。1950年長野県松本市生まれ。慶應義塾大学経済学部卒。1973年NHK入局。記者として災害や事件、消費者問題などを担当し、1994年から「NHK週刊こどもニュース」初代お父さん役を11年間続ける。2005年にNHKを退職。フリーランスの立場で、幅広く活動する。『そうだったのか！ 朝鮮半島』、『海外で恥をかかない世界の新常識』、『これが「日本の民主主義」！』など、著書多数。

世界《せかい》を揺《ゆ》るがすトランプイズム

ビジネスマン、ドナルド・トランプを読《よ》み解《と》く

2017年2月28日　第1刷発行

著　　者　池上彰《いけがみあきら》
発 行 人　遅塚久美子
発 行 所　株式会社ホーム社
〒101-0051　東京都千代田区神田神保町3-29共同ビル
電話　[編集部]03-5211-2966
発 売 元　株式会社集英社
〒101-8050　東京都千代田区一ツ橋2-5-10
電話　[販売部]03-3230-6393(書店専用)
[読者係]03-3230-6080
印 刷 所　凸版印刷株式会社
製 本 所　凸版印刷株式会社
装　　丁　Boogie Design

ISBN 978-4-8342-5315-3　C0031